一灣淺淺的海峽

滕興傑 著

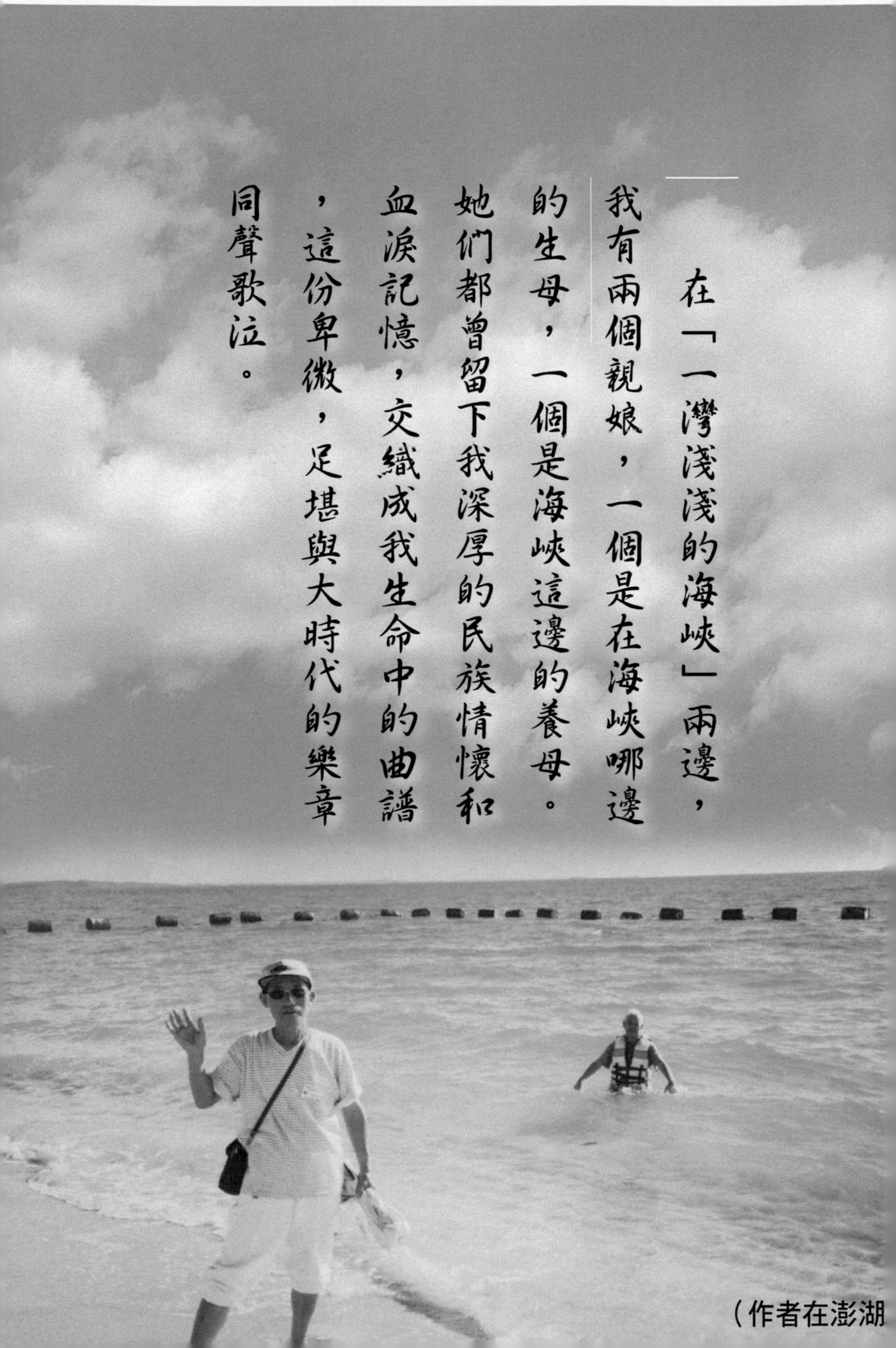

在「一灣淺淺的海峽」兩邊，
我有兩個親娘，一個是在海峽哪邊的生母，一個是海峽這邊的養母。她們都曾留下我深厚的民族情懷和血淚記憶，交織成我生命中的曲譜，這份卑微，足堪與大時代的樂章同聲歌泣。

（作者在澎湖

聽鱖生煮茗潤枯喉，慢慢說。

目錄

往事曾經如此（自序） …… 6

壹、我的親娘——湘西鳳凰

一、永不回來的聲音 …… 14

二、翻讀童年 …… 19

三、模範小學也鬧學潮——七十年前一段回憶 …… 33

四、荒巒中的靈秀——鳳凰 …… 38

五、九橋十八庵傳奇 …… 46

六、紅狐報恩 …… 53

七、檢禾線的孩子滕加洪 …… 63

八、湘西趕屍側記 …… 69

九、小苗女的「泥鰍水功」 …… 77

十、你敢到天王廟賭咒嗎？ …… 84

十一、硃筆斬龍脈與奇峰挺秀 …… 92

十二、談「搨紙拓墨」畫家楊慧龍 …… 97

貳、抗日禦侮，我們從軍去

一、從「九一八」到「八一三」 …… 106

二、熊希齡與段玉清的抗日故事 …… 113

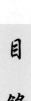

寒夜筆耕，樂而忘憂，享受寂寞。

三、國共二次合作，展開全面抗戰……118

四、從鳳凰到戰時陪都——重慶……128

五、我親歷大隧道慘案……134

六、從中國遠征軍到中國駐印軍……138

七、野人山寫實——在原始叢林中擊潰日寇……142

八、烽火兒女情……151

參、兄弟鬩牆——國共內戰全面爆發

一、從山東萊蕪戰役說起——田君健殉國……162

二、東北會戰到淮海會戰……169

三、東南戰場到西南戰場——共軍百萬下江南……178

四、白髮話天寶，時代大悲劇……187

五、最後撤出大陸的一位將軍和一支部隊……190

肆、台灣——我的新故鄉，我的親娘

一、虎頭山中的寶藏

二、讓我們造一座「愛」的彩橋

（註）本書為配合桃園縣文藝作家協會「圓一個出書夢」的時間，計劃應在五四文藝節前出版，因時間過於倉促，第「四輯」無法趕寫完成，故將「台灣——我的新故鄉，我的親娘」列為本書續集，另行處理。又本書所有插畫，均為作者所繪。

往事曾經如此（自序）

每個人都有一個故事，再平凡的人也有故事。我一生的平凡生命，拉得很長，祇寫記自己的生活，這些事情似乎並不重要，通常充滿著無聊的細節。

可是，您的生活一旦與人類歷史沾上邊，與山河歲月染上血，與親情友愛帶上淚，那麼這將是一次精彩的必然。

這「一灣淺淺的海峽」，活生生地把我隔成兩半，海峽哪邊，有我生母哺育的艱辛成長，海峽這邊，養母在自己的天涯裡庇護著世代綿延。兩岸的親娘，都曾留下我深厚的民族情懷和血淚記憶，交織成我生命中的曲譜，這份卑微，足堪與大時代的

（作者在桃園縣大園鄉的荷池。

樂章同聲歌泣。

這本「一灣淺淺的海峽」，分為四輯，第一輯翻讀我的故園親娘，第二輯從軍抗日，把鮮血灑在野人山上，第三輯兄弟鬩牆，兵敗如山倒。第四輯，台灣──我的新故鄉，我的親娘。

其中第四輯，因不能配合桃園縣文藝作家協會「一起來圓出書夢」的日程，須要在二〇〇五年五四文藝節前出版，時間過於倉卒，故祇有留待爾後再出續集。

十九世紀德國大史學家蘭克教授Leopld Von Ranke，他在晚年病中坐在輪椅上完成他的世界史，他強調「往事曾經如此」，一生不說假話。我這本小集子，也可以很真摯的複誦蘭克教授這句名言：「往事曾經如此」，我一生也沒說過假話。

生活寫照

讓煩惱隨「琴」聲而去。

與鄰居奕「棋」消遣。

民國83年第一次的新「書」發表會，在桃園市自宅舉行。

閒暇作「畫」自娛。

騎駱駝感覺很好，駝峰軟綿綿的。

參加三女淑蘭（左一）明興國際公司的
同仁們登草嶺自強活動。

二〇〇四年九月十四日，在桃園市舉辦八秩誕辰感恩會，縣文化局前李清崧局長（右二排第二位）賴月蓉副局長（左前排第四位）均應邀光臨，與文化局志工夥伴們合影。

看著幾個小外孫長大。

吹「葫蘆絲」消遣。

與四位女兒合影，於桃園虎頭山孔子廟。

壹、我的親娘——湘西鳳凰

一、永不回來的聲音

在一九八七年，大陸知名畫家黃永玉出版一本「永不回來的風景」畫冊，他把不存在的地方景物，從歷史的煙茫中、褪色的舊夢裡找回，用心靈速寫；透過妙手展現出來，果然寓意深遠，除了美感，且能引發人們思古之幽情。

這地方除了「永不回來的風景」之外，還有一種永不回來的聲音，它祗有音響，沒有形象，無法用畫筆描繪下來。我思索良久，豁然開朗，用六書中諧音的形聲字去保留它。

人生無常，現實生活又那麼雜亂脆弱，我能做的祗是用腦子不斷記憶，留下些可供後人翻讀的線索而已。

這地方叫鳳凰，就是兩次推薦競選諾貝爾文學獎的中國大文豪——沈從文先生的故鄉。

它的純美典雅，活像一件極其精緻細膩的雕塑品，淋漓剔透地典藏在山水雲樹間，那份靈性，會叫人著迷。

這座小小山城，建立在清康熙年間，住著十幾萬戶人家，由於對外交通不便，全縣祇有城裡幾家大商店買有大型壁鐘，報時之聲鏜鏜然，有如敲破鑼。其餘居民，幾乎百分之九十九沒有鐘錶，每日過著日出而作，日入而息的樸實生活。

不知從何時開始，這座山城來了一位聰明的地方官，為了便民作息，想出採用「土炮」和「更梆」的方法，作為報時的工具。一天廿四小時都有專職人員來做這件事，白天放炮，夜間敲更，交互使用，從無差誤，形成這座山城居民生活的一部份，不可一日或缺。

每日清晨，當東方現出魚肚色曙光，天剛黎明時分，猝然「轟隆」一聲巨響，劃破了寂靜長夜，將全城正酣睡的人們從夢中驚醒。這一炮叫放「醒炮」，大家揉揉眼睛，打個哈欠，伸個懶腰，下了床盥洗完畢，便各自展開一天的工作了。

到了中午，再放一炮，叫做「午炮」，表示現在的時間是中午十二時，有鐘的家庭，立刻撥針對時。這一響午炮，對於由鄉下挑柴賣菜到城裡出售的農夫們，關係很大，因為鄉下到城市來的人，都沒有腕錶，完全以午炮為準，來估計午後時間的遲早，距離城市較遠的（約十五到二十華里），午炮一響，先從籮筐裡拿出一大碗飯菜，好整以暇地蹲在地上慢慢吃下，並希望趕快將貨物脫手賣出，以便換取油鹽醬醋茶之類的物品帶回家去，否則時間太遲，必須走一段夜路，翻山越嶺，很不方便。

當夕陽拖著疲憊的身影墜入西山，夜暮快籠罩大地，觀音山的烏鴉一群一群唱著晚歌歸巢的時候，又是「轟隆」一聲巨響，叫「定更炮」，（即初更之意）此時家家戶戶華燈初上，最重要的在祖先靈位前的那盞油燈，一定要點亮，照明堂屋，並燃上晚香一柱，祭拜祖先。老人們則在家裡談些往事，閒話家常，孩子們或在堂屋嬉戲，或在燈下溫習功課，直到晚上九點，又是兩響炮聲，我們稱為：「放二炮」，（即進入二更之意）這時全家大小停止一切活動，檢視門戶，熄燈就寢。東、南、西、北四大城門，也同時關閉，將城裡城外的交通隔絕，直到翌晨放「醒炮」之後，駐防軍才開門恢復交通。

這些定時炮，在什麼地方燃放呢？由何人操作？在我幼小心靈中懸疑已久，好想一探究竟。有一次去城裡道門口外婆家玩，才知道放炮的地方就在道台衙門口那對石獅子旁邊，近在咫尺，我好奇的獨自前往，但見地上擺著一個約十五公分高的鐵炮筒，下面一塊四方形的鐵板連接著，以妨跳動，內裝黑色火藥，有一小洞放引信。由一個老嫗蹲在地上側著身子，拿火種去點燃引信，她一隻手還摀著耳朵呢？聽說她早已被炮聲震得重聽了。

另一種報時工具是「更梆」，專用於夜間，每天放了「二炮」以後，開始改用更梆，每隔二十分鐘敲打一次，徹夜不停，直到翌晨放了「醒炮」才停止，所以一天廿四小時，都有報時訊息讓您充實生活。

敲更報時的方式，如二更則敲「梆、梆——綁、梆」，三更則敲「綁、綁綁——綁、綁綁」，四更是「綁、綁——綁綁」，五更是「綁、綁、綁——綁綁」，使人們在夜半夢迴時，聽到那清脆的更梆聲，就明白大概的時間，而且產生一種溫馨的安全感。

更綁的聲音由那兒傳出來呢？原來在城南有一座小山，名叫觀景山，比城牆高約六十公尺，攀登山頂可俯瞰全縣城，所有城垣河流，房宇街道，甚至來往行人，都可盡入眼簾，一覽無遺。因佔地勢之利，所以「更樓」便選擇在山頂一間閣樓上，居高臨下，敲打時全城可聞。月明星稀之夜，十里以外的接官亭都能隱約聽到。此時江水低潺，群山正眠，更綁傳來的正是您心靈與山城對話的聲音。

更綁是用大棕樹將中間挖空製作而成。它的功能，除了報導更次外，還具有警報的作用。無論晝夜，城內外任何地點發生火警，更樓瞭望人員發現後，即刻以密集的綁子聲告警，其急促緊迫的程度，有如京劇舞台兩軍撕殺時所敲打的板鼓一樣，尤其在三更半夜，這種聲音更是懾人心魄。

時光不停向前飛馳，古老山城，搖身一變，成為歷史文化名城，這項古老的生活方式，也隨時代進步而湮滅，成為「永不回來的聲音」了。

二、翻讀童年

一座幽深的庭院
三代寂寞的祖孫
四位傑出的恩師
五十六年的離鄉去國，如今
這位八十一歲的老人
終於開始翻讀他塵封半個多世紀的繽紛華年。

一九二四年九秋季節，在湖南省湘西一個古樸的山城——鎮筸城（今鳳凰縣）南門外一座大宅院裡，便是我投胎落腳的地方。母親張瓊珍體弱，特別為我在麻陽岩門物色一位身體健壯的奶媽，叫佳佳的為我哺乳，整整吸了她兩年的乳水才停下，她又繼續為我妹妹俊英哺乳。我滿三歲那年，母親便棄我而去，我成了失恃的孤兒。一年後祖母羅氏又相繼過世；這座偌大的宅院，祇賸下三個男人，一個是我爺爺，一個是我爸爸，一個便是我。

就算再加上我妹妹，和一個丫頭春香，一個長工老龍，共計六個人住著大大小小十五間房屋，庭院花園不算，確實嫌大了一些。

我家是一座三進兩院的中國傳統式建築，具有民族風格。進了大門，得上十五級石階，才是第一個院落，方石板鋪成，整整齊齊有半個籃球場大，秋收時作晒谷用，平時打板板、跳房子、滾錢，都在這兒玩樂，旁邊是新屋樓上，谷倉改建，不

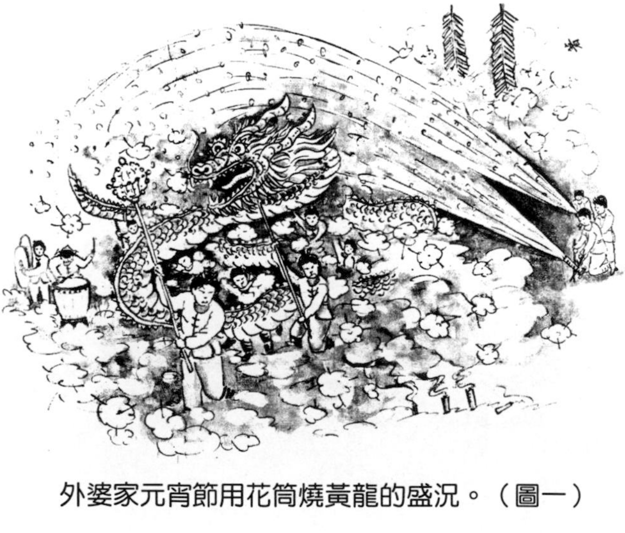

外婆家元宵節用花筒燒黃龍的盛況。（圖一）

另立門戶。再上七級石階，進了二門，是第二個庭院。二門寬大厚實，門上彩繪秦瓊、尉遲恭門神畫像，莊嚴威武。院子裡兩個大花台，右邊一株銀桂樹，左邊一叢牡丹花，冬季要為宅打棚架，嚴防風雪，才能存活繁茂。花台四週有長石桌，上面放置盆景，有秋海棠、紅山茶、玫瑰、寶繁花、杜鵑和各種蘭花等約廿三四盆，一年四季，春去秋來，花開花落，哪花神的玉容月貌，娟娟風姿，無不一一浮活在我記憶中，深深觸動我故園之思，如今繁華雖已消散，但往事點滴在心，豈能如煙。

父親一生沒有罵過我，惟有打破他心愛的花鉢才能叫他生氣。每年夏秋之間，正是「打蛐蛐」（鬥蟋蟀）的季節，這些小精靈，最喜歡躲藏在花鉢下吟唱求愛。我用竹籤去趕它出來，這邊趕，它往哪邊跑，哪邊趕，它又往這邊來，逼得我祇有採用犁庭掃穴的辦法，將花鉢翻起，慢慢翻、翻、翻「碰」的一聲，花鉢翻倒，完蛋！蛐蛐跑了，出來亮相的是「土不狗崽」，真氣人，趕快找老龍來收拾殘局。庭院中有兩口大金魚缸，缸中有瘦山石，長滿綠苔，虎耳草，水面上有浮萍。我常墊著椅子，站在缸邊用茶杯撥開浮萍，看金魚游來游去，舀假山下面的小魚小蝦米，非常快樂。就這樣可以玩個半天，直到父親抱我下來方止。

庭院正面是堂屋，兩邊有廂房，是爺爺和父親住的，廂房後面各有小房，是我和妹妹住的。右邊走廊上擱有一頂籐製官轎，放在架上多年不用了。堂屋對面是書房，裡面掛滿了字畫，寫得最多的記得是何紹基的墨寶，書架上有廿四史、漢書，使我看得懂的要算「曾文正公全集」，數十冊之多，全是線裝。書房右邊有大書房一間，自成一格，小天井用黑白鵝卵石舖地，鑲成各種圖樣，有石桌盆景，靠牆邊有一大花台，種一水蜜桃，樹幹約三十公分直徑，每年結上三五粒拳頭大小的桃子，並不甜美，可能與土壤有關，緊連大書房是馬房，馬廄外種的是幾株桃李樹，春季裡桃紅李白，相映爭春，艷麗極了。過了馬房，穿過一片竹林，又得上十八級石階，便是後花園，形狀狹長，也有許多石桌放置盆景，離竹林不遠有一株大枇杷樹，往前走是一株紅臘梅，再十步是紫玉簪花，比人還高，樹下有一大巨石，形如龜狀，兩公尺外又一巨石全鑿空為小池，上有拱橋，橋的兩端，一邊刻一頭水牛，一邊刻一蟾蜍，栩栩如生，是一件精緻的石雕藝術品。旁邊有一半月形荷池，種有睡蓮，再往前走是一株大香瓜樹，花園全長約百公尺。牆外是通往石蓮閣的道路。

堂屋後面一排偏房，便是廚房、舂米房、柴房、廁所和養豬的地方，我們祭祖用餐都在堂屋，距廚房最近，很方便。堂屋有六扇花雕門，上面刻有歷史故事和龍鳳花鳥之類的藝術品，部份是立體的，非常精緻，中間懸掛四盞大型六角宮燈，平時不用，過年除夕開始燃上大紅燭，直到元宵節。堂屋中間是滕氏歷代宗親神位。左邊一大玻璃櫃，有曾祖父穿著清朝官服的塑像，高三十公分，面貌白皙有英氣，目光炯炯，十分嚴肅，我沒見過曾祖父，祇感覺爺爺很像他，聽說是從麻陽請來張秋潭（天王廟馬伕的作者）的黃姓師父塑造的，花了半個月的時間才完成。那時沒有照像留影，可能是揣摩爺爺的面相和口述捏成的。櫃中懸一小匾額，直書「誥封建威將軍」六個字。這座宅第，就是他興建的。

曾祖父加洪公，字治亭，晚清提督，原籍麻陽，早年喪父，隨母遷鳳凰入籍，生有三子四女，長女適符，次女適徐，三子梅青公，字雪樵，是我爺爺，四子竹青，五子松青，後來兄弟分家，竹青、松青公遷到西門內滕家灣落戶。竹青公生一子，名嗣祿，字壽川，是我大伯，娶妻陳氏，乃陳渠珍的姪女，生一女名俊剛，後續房又生一女名俊莉。俊剛姊隨夫王耀昌赴杭州，一九九〇年病故。大伯帶我到沅陵辰郡中學唸書，當時他擔任湘西沅陵行署警衛團副團長職務。一九三八年底，日軍飛機轟炸沅陵，我連夜隨七姑婆搭船到乾州返回鳳凰。

六女嫁到劉士奇家為媳，其孫宗雄，任國軍七十七師團長，一九四七年國共內戰，在山東萊蕪陣亡。弟宗超任職西南運輸公司，二〇〇四年在四川瀘州病故。

七女國章，適梅國治，是我七姑婆，育二子一女，長子文秀字鶴亭，財政部任職。次子章秀，字雨亭，黃埔軍校畢業，曾隨國軍一二八師參加抗日戰爭，在嘉善與敵浴血七晝夜。三女挹秀，現任鳳凰奇峰幼兒園園長。

爺爺雪樵公，娶妻羅氏，生一男二女，長女適裴晴初，生一子錫道，三女鳳珍，因肺病早逝。一男便是我父親代魁公，字伯逸，長沙第一師範畢業，曾任教師、鄉長等職。娶妻張氏，是我生母，聽說過門那天，轟動了鎮筸城，嫁粧由城裡撓正街出城，前面鑼鼓嗩吶吹吹打打已到了南門外滕家，後面花轎還沒離開張家，大大小小嫁粧，裝滿了幾十個抬盒（下面長方形木盒，由兩人抬著，叫抬盒）綿延一兩華里長，不過這祇是傳說，我沒見到。

我母張瓊珍，是光緒年間，貴州提督署理貴州巡撫張文德的孫女，家住城裡道門口，八字大門上懸一巨大匾額，上書「萬家生佛」四個斗大金字，是貴陽一百多士紳連署贈送的，可見他為官很得民心，我母去世後，外婆心疼外孫，常接我去住上十天半月，我外公和他的五個兒子都很早去世，只留下兩個表哥，應樑、應棟，和五位舅娘，她們每人住一間房，配一個丫頭，外婆兩個丫頭，一個貼身使喚，一個專管六個丫頭，她叫金鳳，讀了些書，約十六、七歲，長得福福泰泰的，記得她教我寫毛筆字，第一次寫的是「黃河之水天上來，奔流到海不復還……」，她抱著我把著我手寫的，可說是我啟蒙老師。

在家失去母愛，可是到了外婆家，會得到加倍償還，外婆和舅娘們好像都帶著一份虧欠、憐惜、和同情，把萬般寵愛全集中在我一人之身，舅娘們趕著替我做布鞋，拉鞋底，晒鞋面，忙個不停。丫頭們輪流陪著我玩，玩累了，舅娘們搶著背我抱我，底唱著她們共同會唱的摧眠兒歌：「寶寶坨，睡籮籮，籮籮搖，睡覺覺」我一下便入夢了。歲月悠悠，後來在台灣我也抱著我的孩子唱這個兒歌，是用「笑」與「淚」來伴奏。

每年春節，外婆都接我去看舞黃龍，這是張家大坳莊上組成的一支舞龍隊伍，十八位莊稼大漢，年初六由大坳一直舞到城裡，直到元宵節，燒了黃龍才算過完年。燒龍燈的花筒用粽樹挖空裝上特製火藥做成的。元宵節那晚，外婆家庭院熱鬧非凡，花筒一個一個燃放，各種煙火花式不同，有花蝴蝶、金錢豹、猛虎下山等。花筒放出的吼聲，有如雷霆一般，攝人心炫。同時一陣強光，照得滿庭如畫。壯漢們脫光衣服，赤膊接受硝煙洗禮，但見火樹銀花在空中飛舞，燒紅的銅屑紛紛落在壯漢的身上，他們毫無懼色，越舞得起勁，那股「蠻勁」，真是箪佬本色。（圖一）

年過了，從外婆家回來，有好一陣子不習慣，覺得寂寞，這心情直到七姑婆因走川軍，全家搬到我家來住，才得到改善，家中由寂靜頓時熱鬧起來，不時在大書房傳出歌聲、琴聲、歡笑聲，像一所藝術學校，使整個庭院都活絡起來。

我兒時的歌舞老師——表姑梅挹秀三孃。（左，右為吾妻葉阿秀）（圖二）

此時，我已八九歲，智力漸開，發現在生活上能給我快樂的，有四位老師在默默推動，第一位是音樂老師，第二位是歌舞老師，第三位是美術老師，第四位是文史老師。梅家雨亭表叔教我音樂，挹秀三孃表姑教我歌舞，爺爺教我文史，還有一位是大自然的「晚霞」，教我美術。

梅雨亭表叔，黃埔軍校常德分校畢業，但他酷愛音樂，能唱能彈，「打倒列強，打倒列強，誅軍閥……」是他教我唱的，他能彈三絃、琵琶、月琴，能拉胡琴，「蘇武牧羊」就是他教的，怕我荒腔走板，特別用琵琶伴奏，並講解蘇武的故事。有一次夜間，月白風清，他帶著琵琶，要我隨他到後花園賞月，他爬上那大香瓜樹，坐在樹幹分叉處，披著月光彈起琴來，彈著他最喜愛的「梅花三弄」和「春江花月夜」，琴聲在樹叢間迴盪，他陶醉在幽美的旋律裡，我卻徜徉在星光和月色中。

第二位教我唱歌的是表姑三孃梅挹秀，她是「長沙日興藝術專科學校」畢業的高材生，專攻音樂、美術和舞蹈，不但歌舞造詣極高，人也長得標緻，是鳳凰有名的大美人，正荳蔻年華，許多官宦子弟，都用詩詞書畫相贈來追求她。（圖二）

記得她教我們唱的第一首歌是「毛毛雨」，黎錦暉作曲，中國最早的時代歌曲，由她引進鳳凰，可見她思想很先進，還有「葡萄仙子」、「特別快車」、「漁光曲」、「桃李爭春」、「漁翁樂」、「可憐的秋香」、「正月裡是新春」等等。有些兒歌，是與舞蹈結合，如「飛飛飛，飛到花園裡」、「烏鴉烏雅對我叫」是邊唱邊跳的。前幾年返鄉探親，在錫道老表家，三孃像老師一樣攷我記性，要我唱「桃李爭春」，我毫不猶豫的唱著：

「春深如海，春山和黛，春水綠如苔，白雲快飛開，讓那紅球現出來，變成一個光明的美麗的世界。風，小心一點兒吹，不要把花兒吹壞，現在，桃花也正開，李花也正開，園裡園外，萬紫千紅一齊開，桃花紅，紅艷艷，李花白，白暖暖，誰也不能採。蜂飛來，蝶飛來將花兒採，常常惹動詩人愛，那麼，更開懷。」

一字不漏地唱完七十年前三孃教我的歌。在動亂年代，悲歡離合，人生無常，我們到老能相聚言歡，是種福氣。剎那之間，唱回童年，唱回快樂，失去的好像又回來了，而日月卻永遠帶著不變的光彩照耀，為我們歡笑。

第三位是美術老師，它不是人，是大自然的「晚霞」。我家正對西方，二門和對街官保家的屋頂同一海拔，視野寬廣，晚餐後，日落西山，坐在這裡看又紅又大像火球般的太陽，它會慢慢消逝在大坳那座山後，接著各式各樣的晚霞便浮現在天際，七彩繽紛，光怪陸離，變化無常，而且動感十足，活像欣賞一場風景紀錄電影。我最喜愛看大海那邊，有七重遠山遠樹，上有宮闕，金碧輝煌，我好想往。慢慢地自己竟陶醉在「海市蜃樓」的「天上人間」，凝視得發呆。突然，一陣天樂妙音自遠方而來，原來是石蓮閣觀音堂的暮鼓梵音。

觀景山的烏鴉一路唱著歌回巢了。

「雙喜（我的乳名），麻眼（讀暗）了，回來了！」爺爺的呼喚，才叫醒我的幻覺。

第四位是文史老師，他是我爺爺。我點燃神龕上一盞茶油燈，再到房間點亮美孚燈，爺爺便準備開始講述他的「口述歷史」，從地方掌故，如「九橋十八庵」、「湘西趕屍」、「文廟裡的紅孤狸精」、「三王廟王爺顯聖」等等，到曾祖父和長毛打仗的經過，如數家珍的娓娓道來，當寒冬來臨，房子裡火盆燒一堆木炭，爺爺便開始「圍爐夜話」，在熊熊火光中感覺氣氛很溫馨，他用一洋瓷茶壺放在火堆邊

我挖一把母親墳上的泥土帶回台灣。（圖三）

燒開水，拿一火鉗，將沒有燃完的木炭盡量向茶壺邊堆，水開了，他凝視沸騰的水泡和水氣，若有所思地發了呆。祖孫相依為命，靈犀相通。我想他一定在回憶他多彩的一生繁華。

「爺爺，三十六人殺九千，在什麼地方？」我有意打斷他的沉思。

「喔，在七梁洞……」他又繼續把故事講下去。

這四位老師，除「晚霞」外，他們對我付出那份真摯的愛，已越過時空而長存在我的記憶中，永遠心存感謝。爺爺在我離家前一年過世，老龍回到了苗鄉，春香也嫁人了。父親續絃繼母李氏，生下興夏、興良二弟和斌斌妹三人，俊英妹後來嫁彭澤庶，生一子天中，他們都已成家立業，瓜瓞綿綿了。

這座老屋，仍然風姿依舊，一年四季都有好日好風景。春天來了，百花綻放，姹紫嫣紅。馬房桃李爭艷，紅白相映。庭院裡那幾盆映山紅，映山白更是怒放得醉人。夏日滿園蟬鳴，催醒了睡蓮，中秋丹桂飄香，沁人心脾，親友們來訪，都請我爬上樹折下兩枝相贈，代人之勞，成人之美，是我最愛。寒冬降臨，雪花飄飛，積地盈尺，屋簷下冰柱，凝結成千百支水晶風鈴，有如大自然的流蘇，晶瑩剔透，美不勝收，我就在這座偌大的宅門裡，快樂地生活著，成長著，渡過漫長的十七年流金歲月。

先人留下這座老屋，和四位老師的教誨，對我影響最大的，不是世俗淺薄的榮華炫耀，而是在寬大豐厚的文化環境中，對兒童審美意識的培養，道德情操的啟迪，有很大功能。加上鳳凰的山川形勝，所孕育出來的那份人文氣質和心靈美感。後來雖身為軍人，仍不失有情有義，悲天憫人的赤子之心。

一九八七年十一月兩岸開放探親，我回到睽別半個世紀的故鄉鳳凰，發現這座老屋已經片瓦無存，改建成「人民醫院」。父母早已見背，黃鱔坳的墓園，空蕩蕩連一堆荒塚也沒有了。好在青山容顏未改，我沿著山勢認出生母張瓊珍的埋骨之地，挖了一把泥土，帶回台灣。（圖三）

讓我永遠永遠對故園故土和親恩懷著思念。「一切有為法，如夢幻泡影，如露亦如電，應做如是觀。」人生無常，我心坦然。

三、模範小學也鬧學潮——七十年前一段回憶

「佳哉鳳凰，山川磅礴，鬱鬱復蔥蔥。
沱水之濱，南華之麓，靈秀有獨鍾。
莘莘學子，濟濟一堂，桃李化春風。
十年樹木，百年樹人，教育建奇功。
君不見五箪男兒志氣貫長虹，
又不見先進賢達學業何崇隆。
作興啟衰，承模垂範，責任匪輕鬆。
願我同學，及時努力，努力建大同。」

這首歌詞，是七十年前吾鄉一所新制小學的校歌，每逢星期一作總理紀念週時，全校師生要合唱這首校歌。記得有一次上學遲到，剛走到石蓮閣，一陣悠揚的

歌聲，早已迴盪在叢林間，結果被級任老師罰寫校歌三遍，所以我對這首老校歌，印象特別深刻，如今事隔七十年，仍然隻字不忘，記憶猶新。

清末，廢科舉，制新學，我縣於民初即在北門內原考棚設立高等小學堂，於道門口舊時書院設立湘西十二聯合中學校。民國十三、四年間，川黔軍先後過道，由於這兩支隊伍紀律太壞，我縣深受其擾，邑人多往苗鄉避難；學校也因之停課。直到十四年秋，才漸漸復課；並將考棚高等小學堂改稱縣立第一小學校，第一任校長為田儒將先生。南門外文昌閣設第二小學校，由高玉衡先生任校長，城裡馬王廟原為私塾，後納入公立，改稱縣立第三小學校，由韓仲文任校長。另設縣立女子小學校，由楊光惠女士擔任校長，湘西十二聯合中學則停辦了。民國十六年，把縣立第一、二、三小學校合併於文昌閣，乃誕生了「鳳凰縣立模範小學校」。

縣立模範小學首任校長田雅風，為人剛毅儒雅，不善逢迎，具有典型的「箪佬」性格。不知何事得罪了縣長，縣長又為安插其私人而將田校長撤職，而以長沙人熊明閣繼任。當時教育界與學生家長雖憤憤不平，但卻無可奈何。

直到有一次，熊明閣上六年級的算術課，（好像是演算童子分桃、雞兔同籠等問題）有幾道習題講解不清，遭學生發問，熊在黑板上演算了一堂課時間，（約五十分鐘）一個問題都算不對，急得滿頭大汗，等到下課鈴響了，熊回過身來，看見學生亂成一團，又有人在問：「等於幾？」熊於惱羞成怒之下，把書本往地下一甩，說道：「這是什麼題？書不好。」學生哄然大笑，也不叫起立敬禮口令，大叫「下課了！」一齊衝出教室，熊只好悻悻然回到校長辦公室。

第二天，高年級教室傳出了一首歌：「鳳凰縣，一小學，田雅風，學問好，可惜被人取消了。到如今，來了一個長沙佬，他的學問本不好，他的算術更不高，三個習題演不到，他說是，書不好！」不一會，低年級也唱了起來，霎時全校歌聲響徹雲霄。熊一聽，更加惱怒，由辦公室衝了出來，打算抓幾個學生出氣，卻那裏抓得到，因為五、六年級學生早就商量好了，當天都沒帶書包上學，一見校長出來要抓人，於是滿校奔跑，並大叫：「放學了！」紛紛由前後門衝了出去！

低年級學生不知其故，只道真的放學了，於是也紛紛收拾書包走路，不一會兒，全校走得精光。經過這次學潮，熊已無顏再呆下去，請求辭職，校長則由黃玉書先生接任。

他是黃永玉的父親，原擔任音樂老師，他彈著一架老掉牙的風琴，一邊彈一邊聽我們合音，有時閉著雙目，搖頭晃腦，全神貫注，其實他不是亂搖，我發現祇有上下點頭和左右擺頭兩種姿勢，他擺頭時，我知道我們唱荒了腔，走了板，錯在那裡，第二次我會自動改進。回想那時候的老師，為什麼如此盡責，專注認真，教室裡但見白口沫與白粉末在空中飛舞。由於他們愛心付出，使我們這代學生獲益匪淺。七十年後偶一憶及，感恩崇敬之心，油然而生。

本文主要在介述民初廢除科舉以後，新學制設立過程，至於新學體制，與目前大致相同，只是作業壓力不如今日台灣國校之烈。課程較偏重國文與民族精神教育，每日必寫大楷一篇，由老師圈點批改。體育方面除了一般田徑球類外，尚有國術課程，聘請武功高手石師父（苗人）教授中國拳腳功夫，包括擒拿、摔角等項目，最受學生歡迎，下了課都聚在大操場比手劃腳，配對兒撕打，有時，大家扭成一團，非常有趣。操場邊築有擂台一座，經常有各路高手前來表演，相互觀摩學習，國術風氣鼎盛。

我在五年級時，便開始學英語，那是湘西教育家石宏規先生（艾三）引進的，利用夜間為五、六年級學生講習英語，點著兩盞煤氣燈，照得如同白晝，記得第一次教英文字母，要我們起來朗讀，有位同學唸到OP時，躲在課桌下不敢讀那個「P」字，認為是醜話，真有趣。後來我在沅陵上中學，卻得了很大方便。

也許天不亡中國，選上我們那一代苦其心志勞其筋骨的人去抵禦外侮，肩此大任。若用台灣教育塑造出來的四眼田雞去與當時強敵抗衡，不知要減少多少戰力，也許抗戰不到八年，大陸壯麗河山，恐非我炎黃子孫所有了。

四、荒巒中的靈秀——鳳凰

祖國大地，山高水長，無處不錦繡。所以每一縣市都訂有「八景」來顯示它獨特的風貌。

這種風氣的起源，可以追溯到宋代，當時有畫家名宋迪，曾以瀟湘風景，寫平遠山水八幅，一時觀者留題，目為「瀟湘八景」，傳頌一時的「瀟湘夜雨」即出此。到元朝乃彷此而訂「燕京八景」，有名的「蘆溝曉月」，便是其中之一。此後到明、清迄今，更是風行，幾乎無地不有。

我的故鄉——鳳凰當不例外，也訂有八景，其名如下：東嶺迎輝、奇峰挺秀、溪橋夜月、梵閣迴濤、南華疊翠、山寺晨鐘、南徑樵歌、龍潭漁火等勝景，就是承接這一傳統而來的。

鳳凰山水，鬱鬱蔥蔥，荒巒中帶有靈秀；其中雖無聲勢顯赫的名山，也沒有浪湧千尋的大川，僅萬山重巒中一盆地而已。但其山水之美，林泉之幽，遍佈城廓鄉野，處處可見清流浥注，丘幽壑邃，古木參天，百花遍地。整個山城，皆被山水雲樹所擁抱，恰似一座佈局精美的大花園。亙古以還，這一片蒼蒼莽莽的山川歲月，在時空巨流裡，化山川之靈氣，孕育樸拙憨厚的子民，鍾靈毓秀，正是它不凡的特色。以下我祇只提出四景加以報導。

「溪橋夜月」

一道名叫「沱江」的小河，從高山絕澗中流出，匯集萬山細流，環繞鳳凰城北向東蜿蜒流去。這條小河長年清碧，澄澈見底，河中魚蝦成群，鯉魚大者盈尺，佇立岸邊可觀魚游，賞心悅目，樂趣無窮，真是一片不惹塵埃不受污染的樂土。

河水有深淺，北門外淺灘處用石墩做便橋，俗稱「跳岩」，行人逐石踩踏而過，腳下流水潺潺，別具一番風味；東門外深水處築有一座三孔大石橋，如長虹臥波，名曰「虹橋」，兩旁建有店舖，鱗次櫛比，一半在橋上，一半懸空搭建，下面用木柱作四十五度支撐，稱為「吊腳樓」，其形式宛如清明上河圖中的大橋，饒富古趣。橋上百業雜陳，十分熱鬧。

橋下潭水湛藍，漣漪微漾，夾岸垂楊排列，臨風生姿。岸左有小丘如髻，濃蔭翠蓋，上面建有武侯祠，青山綠樹間，隱約可見琳宮梵宇，景色絕佳。往下游約三百尺，建有萬壽宮一座，樓閣巍峨，古色古香，依山傍水，點綴於青山綠水間，風光綺麗，景觀如畫圖。

每當月白風清之夜，月色瀉灑在水面上，銀光一片，橋孔倒映在河中，合成三個形如滿月的大圓圈，奇景奇趣，蔚為壯觀。此時能有一葉扁舟盪漾其間，靜靜傾聽蟲鳴啾啾，溪流細訴。俄而傳來梵唄晚鐘之聲，在水湄處迴盪，美景天籟，置身其間，令人有超塵絕俗之感。這就是鳳凰八景之一的「溪橋夜月」。

「山寺晨鐘」與「南華疊翠」

最令人振奮的就是「山寺晨鐘」，當人們還沒起床的時候。總聽到噹——噹——噹——從遠處南華山寺傳來的鐘聲，初如九雛凰鳴，清悠徐揚，既喚醒了你的憩夢，不禁躍然而起，趕快去從事你一日之計，繼而一聲緊似一聲的虎嘯龍吟，如聞風鳴玉珂，如聽萬壑松濤，發人深省，更激發人們奮勵自強，勇往豪邁的意念。此時城郭內外的居民，就在那鐘聲甫靜，餘音繞樑中，各自勤勉地從事一天的工作。

如果你想一探「山寺晨鐘」之源，只要出得南門，經岩腦坡一里之遙，就可達南華之麓。上山的路，是一條寬約兩三尺青石板砌成的階級，大概有三四百級才到馬頸坳，所謂馬頸坳，其實是連接南華山和觀景山的一條山岡，長出遍山漫野的花卉，杜鵑最多，應時吐艷。

站在岡上遠眺，東望峰峰相連，綿延不絕，遠處的八角樓主峰高聳入雲，其下的迴龍閣、萬壽宮、沙灣，繞城東北的沱江，都隱藏在其間。北向是觀景山，往下到洞井坎，那是出南門經石蓮閣到南華山的另一條道路，由於山勢陡峭，走入的人較少。向東南再爬約一里多，就進入了南華主峰，只見峰巒重疊，古木參天，夾道兩旁，一株株松柏叢槐，札根盤奇，華蓋青靄，一簇簇茂林修竹，青樟如屏，翠碧欲滴，這即是八景之一的「南華疊翠」。

再往前經幾處茂林，轉幾步彎路，就到了南華山寺。寺門口一座丈餘的木造樓閣，懸掛一口高七尺、徑五尺的大鐘。韋馱手執降魔杵守在鐘旁。往裡跨過天井，在正殿上也懸有同樣大小的兩口鐘，它們就是那振聾啟聵「山寺晨鐘」的發源之物。

如今偶一念及，那餘音猶繚繞在我們耳際，縈迴於心靈深處，激勵之聲，歷久彌新。

「龍潭漁火」

沱江，是武陵五溪中瀘溪的源流之一，為鳳凰境內的唯一主要河流，由貴州入湖南境內後，經箄子溪、長宜哨由縣城西繞城北向東而流，沿棉（讀鑾）寨、經倒車（讀差）、長坪、龍潭、溪口、狗拉岩，匯入瀘溪。水質清冽，可供飲用。城廂附近上下游，有幾處用圍壩引水，設置碾房碾米，或用水車灌溉高處農田，這些景物，點綴於青山水湄間，分外多姿，饒有濃郁的鄉野氣息。

河中魚蝦種類極多，可釣可網，沿溪兩岸，山巒起伏，岩壑幽美，雜樹叢生，

龍潭漁火，居高看去像條火龍，蔚為奇觀。（圖四）

在暮春三月的時候，桃李杏以及各色杜鵑，漫山遍野，爭姘鬥艷，夏秋之季，則梔子、芙蓉、山茶紅白交輝，夾著金桂、茉莉、石榴，香聞十里。

在城東北五里的棉寨，更盛產一種果子，花似桃李，紅白相間，果如桃之不沾仁，味甘似李之清脆，更有蘋果之芳香，邑人稱之為「桃李」，當晚春花開之際，步入園中，大有置身武陵之感，且不止數百步而已。因此沱江所經之地，風景絢麗，不必藉舟車之旅，尋幽攬勝，俯拾可得，其間的「龍潭漁火」，即被邑人選為八景之一。

其實「龍潭魚火」並不以花木繁艷、林壑奇

偉等優美風景取勝，而是以「火」成名。因為每年在夏秋之交，要舉行一次大規模的捕魚活動，稱之為「鬧」魚（註）在地域上沿河二、三十里的男子，無論成人、青少年都會趨之若鶩的從老遠趕來；在時間上從二更放鬧藥，三更始捕魚，直到翌晨才陸續停止，而到中午猶有人在河邊撿魚。

這種活動既是夜間舉行，就必須要照明，照明的材料有很多種，而以火把最為實用。火把也有幾種，一種是用竹片和木片捆紮起來的，這種方法最簡單，但不耐久；一種是整條枯竹敲破（竹子必須敲破，否則燃燒時會爆炸）節子打通，再把松香、硫磺、棉花、木屑灌進去紮好，這種火把較為耐燃，火焰也態而美；另一種是把竹子打通，灌小棉花、桐油，如點燈一般，但要加油，並須豎直使用，火把的優點是不怕風吹水濺，遇上小雨也不會熄滅，只是活動時要數人合作，否則持了火把，還要帶好多捕魚工具，操作時就不方便了；另一種是網燈，用鐵絲織成的網，把松膏乾柴放在網兜裏燃燈，火花很強，但使用時不如火把靈巧；其餘提馬燈，打燈籠、持火撚的，形形色色，不一而足。

當捕魚行動開始的時候，上流放出燈號，各種火把、燈籠便相繼亮了起來，初時，如繁星點點，星光到處閃耀，繼而如銀河在天，一片光芒，很快的向下游蔓延，迤邐十餘里。站在台北市高樓上看夜景，雖然一片霓虹燈海，但燈光夾在建築物中，仍只如繁星在天；而那捕魚火光，從高處看，有如一條火龍，渾身盡是瑰麗的火花，河中飛濺出來的水珠，映在火光中，猶如五彩珍珠墜地，光怪陸離，蔚為奇觀。而人們獲魚的歡笑聲、魚兒蹦掉了的嘆息聲、互相招呼聲、呼兄喚弟聲、加上水聲、火把霹霹啪啪的燃燒聲……交織成一首瑰麗的樂章，熱鬧非凡，光耀半邊天，聲聞十餘里，洵為壯觀。（圖四）

（註）鬧魚：就是用鬧藥把魚逼出來，所謂鬧藥，指的是茶枯（榨過茶油之後賸下的渣子，壓成餅狀，叫做茶枯，可做洗滌用），這種茶枯含有未盡的油脂，且含有鹼性，魚類吸入會窒息昏迷。又因其含鹼的油渣要較水重，可以沉到水底流動，所以深潭、岩罊（洞）裏的魚，也難幸免。只是並無毒性，不但不會戕害水族，對人也無害，所以鳳凰人叫害藥為鬧藥，毒魚叫鬧魚，語意婉約而切實，恰到好處。

五、九橋十八庵傳奇

田二嫂接過來一看：「喔唷！這就是銀子，我那裡有一坑哩！」故事就從此形成，流傳到現在。

田二的家世

提起田二——田慶禧，上至城裡，下至平高、長坪、溪口一蒂，沒有人不知道；他不但是一個財主，更是一個大善人，鳳凰城鄉九橋十八庵都是他獨資修建，就連東門外的虹橋，（三拱大石橋，上面建有店面，如同清明上河圖那座橋一樣，當地人都叫它大橋）也有他的一份功德。但在民國前三十年，他只是一個幫人種田、挑柴進城去賣的樵夫。據說，他修橋補路、齋僧佈道、恤老憐貧，在他沒有發跡以前，就已不落人後，而且都是田二奶奶在幕後主持的。

田二住在城東三十里外的一個村落——長坪，那裡最多也不過百把戶人家，北邊有條小河，是沱江的下游，向上溯可駕小船（相當於舢板，無篷，長一丈五六，寬三尺）直到城裡，下游經狗拉岩到瀘溪，但不能通船。南邊則都是崇山峻嶺，是鳳凰（鎮筸）與麻陽交界的地方。由於山多田少，村民除了耕作些少得可憐的水田外，大多靠山坡地裡出產為生。山坡地種的（與其說種，不如說自然生長）有四種主要樹木，茶樹——果子可以榨油，為湘西一帶主要的食油；桐樹——果子可以榨油，部份作點燈之用，大部則由商人收購運到常德、漢口作為工業之用；栗樹——是燒木炭最好的木材；叢樹——鋸斷、晒乾、劈開，是炊事用的主要燃料。其餘的雜木，當然也可作為燃料；此外山中自然生長的竹筍、木耳、菌、蕨、山藥、守鳥也都可以任人採擷食用，再餵點雞鴨豬羊，小河裡的魚蝦，取之不盡，只要勤快，生活毫無問題。日出而作，日入而息，守望相助，休戚與共，簡直就是世外桃源。

田二兄弟二人，不到二十歲父母雙亡，就分了家，唯一一年不到一擔的水田，分給了大哥，田二只分到一塊山坡地，幸好田二嫂從小就不裹腳，除了燒茶烹飯、洗衣漿衫、養育兒女外，上山下田都能幫田二作活。大哥大嫂也很看顧他們夫婦，逢年過節總會送擔把幾斗白米．因此生活倒也平順。最難得的是，田二家雖不富有，而且可以說是窮人家，可是卻很願意幫助別人，對於過路化緣的僧道、乞丐叫化、殘癱疾病，總是盡力布施打發。

「白衣庵」觀音顯靈

冬至的前一天，天空陰沉沉的下著冰（讀如令）毛，凜冽的北風，刮在臉上，就像針刺的一樣，田二早已挑著一擔柴到城裡賣去了。二嫂從田裡挖了一籃蘿蔔，順便在河邊把泥巴洗掉，冷得兩手紅凍，趕快回到家裡，在火坑裡燒起一堆柴火，打算烘一下身子，火還沒有熊起來，忽聽得撲通一聲，把大門撞開，一陣冷風夾著一股濃煙，直撲到二嫂臉上，嗆得她直打噴嚏，二嫂顧不得抹去臉上的灰，三步併作兩步跑過去關門，忽然看見一個婦人倒在門口，連忙去摸一下，還好有氣，於是把她扶了起來，半抱半拖的拽了進去，順手關了大門，把她扶到火坑邊一張椅子上靠著，一看，原來是一個衣著襤褸、面目慘白的老婦人，幸好灶門還燉著一罐茶，還有些半溫，找了個碗倒了半碗，就著那老婦人嘴巴灌了下來，又在她背上捶了幾下。過了一會，那老婦人才嘆了口氣，醒了過來。

那老婦人說她住在附近山邊，這幾天天氣不好，沒有出門，今天家裡米、柴都沒有了，想就近找家熟人去勻一點，不料走到這裡就昏倒了。田二嫂說，那您老就在我家拿點柴米，在此吃了晌午再走。可是那老婦人堅持就要走，並說出門慌慌張張沒有帶錢，要二嫂隨她去拿錢。二嫂說，拿錢倒是小事，只是您剛才饑寒交迫才昏倒，如果您老拿了東西萬一走到半路又發生什麼事，才不得了呢！於是包了兩升米，捆了一捆乾柴，用一個竹籃子裝著，還放了兩個蘿蔔，一把乾豆角，一手提著籃子，一手扶著那老婦人出門而去。

那老婦人患病之後，又是一雙小腳，走了一個多小時，才約莫走了不到五里路，看看前面一片疏林，疏林後面就是山麓了。那老婦說，我要小便一下，你在此等我。又說，你是個好人，那邊山窪裡我堆了些東西，我就送給你。說著，也不等田二嫂答話，就踉蹌地獨自走向樹林。田二嫂也有點累了，席地在石頭上坐了下來，誰知左等右等，總不見那老婦人出來，心想莫非又昏倒了，於是趕忙走進樹林去，卻那裡有那老婦人的蹤跡，正慌張問，忽見山邊露山一角墻來。只是一個影子朝墻後一閃，二嫂急步追了過去，卻原來已經到了老虎岩的白衣庵，只因這附近幾年前出現老虎，沒有人敢來，白衣庵也已荒蕪無人，所以二嫂早已忘記了這條路。這時只好大著膽子走了過去，誰知庵前庵後找了幾遍，卻仍見不到半個人影。又想，那老婦人說她在那山窪裡堆了些東西，要送給她，莫非她到那山窪去了，於是又轉到那山窪裡去找，那知什麼也看不見，有的只是一叢叢像是鬼怪猛獸般的的大石頭，就在兩處像虎豹的大石之間一個坑裡，堆了一堆和白沙的碎石頭，在微弱的陰影下，像鬼眼睛一閃一閃的發亮，好像是什麼銀子？二嫂心裡有些害怕，顧不得再找那老婦人，提著籃子急急的趕回家去。

善有善報，天賜元寶

回到家裡，快到晌午了，火坑裡的柴火還未熄滅，放下藍子，烤了烤手，就趕快去作飯，剛把飯菜弄好，只聽得田二一路唱著山歌，推門進來。二嫂看他喜氣洋洋，臉上還紅紅的，就問他為什麼這樣高興？田二說，今天不但喝了酒，還得了一錠銀子，當然高興哪！二嫂說，你那來的銀子？我從來沒見過銀子，快拿來讓我看看。田二去灶籠倒了一碗茶喝著，一面解開板帶，從裡取出一個布包，一層一層的把它打開，一面說出得銀子的經過。

原來田二最是勤快，每年夏天，就把山坡地裡老的叢樹砍倒，一段一段的鋸斷，拖了回來，再把它劈開，樹枝、叢毛留著自己燒，粗大的則堆集起來，等到秋末冬初再一擔一擔的挑進城裡去賣。由於他的柴火又乾又大塊，而且叢膏又多，大家都搶著買他的柴。早半個多月，岩腦坡滕家的李管事，買了他的柴火之後，交待他再送十幾擔去，不必到柴場，筆直送到滕公館去，因為滕家三少爺娶親。今天一早把柴送去的時間，卻不見李管事來付錢，於是把柴送到柴房後，再到門口院子來等李管事，因見院子裡落了些樹葉，而且滿地都是炮竹紙屑，就拿起一把竹掃把去掃地。剛好這時李管事隨著一位老者走了出來，那人穿一件寶藍杭緞皮袍子，外罩一件八團花天青馬褂，花白鬍子，慈眉善目，看見田二掃地，就問李管事說：這人我不認識，是那裡請來幫忙的？田二嘴快，不待李管事回答，就說，我是送金塊子來的。（叢樹晒乾呈金黃色，又因叢、窮同音，所以大家不說窮柴而叫金塊子。）那老者一聽，笑容滿面，連說幾聲好，好吉兆、好勤快。吩咐李管事帶他去吃粉，並交待給他一壺酒，賞他一錠銀子。田二說完這段經過，又說：這不是天大的喜事？還不值得高興嗎？於是把一個梅花形的一兩重的銀子交給二嫂。

二嫂接過來一看：「喔唷，這就是銀子呀！我那裡有一坑哩！」田二說，亂講，在那裡？二嫂說，在白衣庵後面灣裡。於是把早晨的事也說了遍，田二沒等她說完，嘴裡唸著阿彌陀佛說：那是觀音菩薩顯靈，這是我做好事的報應哩！我們快去看看。

夫婦倆匆匆地吃了飯，急急的向山邊走去，到了白衣庵的山窪裡一看，可不是真的銀子還是什麼？而且都是五十兩一錠的元寶。

夫妻二人向菩薩拜了幾拜，回來從白衣庵開始，在鳳凰城鄉修建了十八座庵堂，九處橋樑，作的善事也更多了。

六、紅狐報恩

這是流傳在鳳凰民間的一個怪異故事，大約發生在咸豐年間，是否確有其事，倒不必考證，但「感恩圖報」的意識觀念，卻因此深植於民間，裨益世道人心，這是可以肯定的。

教場點將一景

天才四鼓，官廳兩側門就打開了，雜佐人役出出進進，穿梭於官廳將台之間。在將台上懸起四盞紅燈，周圍遍插令旗，兩旁兵器架上，排列刀槍劍戟……各色兵器。教場四圍雜樹亂草，已於早一天拔得乾乾淨淨。原來今天是小校的日子，聽說總鎮大人（即鎮筸鎮總兵，清代將全國戰略要點，設六十鎮，各派總兵鎮守。）要親蒞校藝。

黎明時分，一隊隊人馬從四面八方擁進教場，旌旗飄盪，人嘶馬叫，有些雜沓，少時聲音漸漸平息，從將台上一眼望去，各營各哨步馬弓都按方位排定，雖說不上衣甲鮮明，卻也人強馬壯，隊伍整齊，更可貴的是聽不到一聲咳嗽，看不見一處幌動。

寅末卯初，三通砲響，一隊執事前導，鎮台大人騎了一匹烏騅，在官廳門首下了馬，昂首闊步的上了將台，站在中央接受了隊伍的參禮，旗褲舉起令旗，向左右揮展了兩下，一陣沙沙腳步聲，隊伍迅速向左右列開。總鎮步下將台，副將、統帶等隨在身後，由東穿入隊伍，再向西整個巡視一番，仍舊回到將台，站在中央。

此時正好卯正，於是旗牌傳下令來：「總鎮有令，免了校藝，把總田福泰隨令進帳，各營哨按小校會操，操畢各自回營，免參。」令畢，總鎮下了將台，進入官廳，田福泰離開隊伍進入官廳。

馳援永綏廳

話說那湘川黔邊境一帶地區，山多田少，糧食不夠，又因連年乾旱，百姓生活更為艱苦。江湖豪客、不肖之徒乃利用饑民挺而走險，聚眾劫掠，並煽動苗人，以壯聲勢，十人、八人，三、五十人乃至百數十人為一夥，打家劫舍，抗拒官兵。由於那一地區荒僻，山勢險峻，而土匪又出沒無常，軍隊進剿時則化整為零，軍隊去了又復嘯聚，老百姓受盡了蹂躪，實在無可奈何。

盤踞梵淨山悍匪毛青山，進犯思南不成，反被趕離了巢穴，向東竄擾，毀了洞家苗、花苗好幾個寨子，夥脅了幾百苗人，聲勢銳猛，前哨已在茶洞、矮寨一帶出現。永綏廳兵力單薄，自保都很困難，請求鎮筸鎮出兵相助、堵剿，這就是單點田福泰的緣由。

田福泰帶領兵馬，乘夜出了北門，過了得勝營，不走乾州、永綏去正面迎擊土匪，卻繞小路，插過乾州和松桃，直向秀山方向前進，企圖包抄土匪側肯，以行夾擊，痛痛快快的打一仗，立個大功，這是他和幾個主要幹部，商量好了的一個剿匪作戰計畫。

浴血奮戰擒悍匪

果然不出他所料，當他隊伍到了秀山境內，向東旋迴時，土匪正被永綏、乾州的隊伍阻止在矮寨坡下，三番五次都被滾木擂石打了下來，不但攻不上去，反而傷了不少嘍囉。

毛青山正在發狠之際，忽見筸軍從後面殺來，這一驚非同不可，如果等筸軍擺好陣勢，前後夾擊，那真是死路一條。好個毛青山，真不愧悍匪首領，當機立斷，下令全部兵力衝向筸軍。也是田福泰錯估了土匪人數，又自恃兵精將勇，只帶了步、馬兵各五十人，弓箭手三十名，更想不到土匪以絕對優勢兵力掉頭專闖一面，況且在山坵叢莽地帶，騎兵不但不能發揮威力，反而礙事，在混戰中，已被刺倒十幾匹馬，幸虧他的部隊訓練有素，弓箭手早已趴在樹上，伺機放箭，才把陣腳穩住。

幾個匪首都是勇猛，尤其匪首毛青山更是十分慓悍，一對雙刀，連田福泰手下第一大將王殿魁都擋他不住，不由大怒，揮退了幾個毛賊，一擺單刀，接下毛青山就大戰起來。這時又有一苗一漢撲向王殿魁，也殺得難分難解。其他幹部和兵勇，雖都武功不錯，卻是雙拳難敵四手，都是一敵三、四，以致險象環生，久戰無功。

忽然從後面又來了三個苗人，兩個撲向田福泰，一個奔向王殿魁。田福泰雖然加了兩個勁敵，尚能應付裕如，王殿魁卻不行了，新加入的那個苗子，手持一柄斗大的鐵錘，猛一錘揮了過去，王殿魁是接住了，但馬步浮動，氣血上湧，連退了三步，「撲」的一，噴了一口鮮血，而苗子兀自跟步而上，田福泰大驚，猛劈兩刀，逼退毛青山，一旋身右手單刀點向鐵錘，左手一帶把王殿魁拉向一側，卻不料毛青山也是行家，雙刀齊發，一刺期門，一刺將台，田福泰如要自救，則王殿魁必然傷在錘下，於是把心一橫，拼著自己受傷，也要救王殿魁，身體稍稍側動一下，仍然舉刀點向大錘，那苗子不備，大錘反而打在自己腦袋。同時田福泰只覺左肋下一涼，心想這下完了。正在千鈞一髮之際，忽然紅光一閃，只見一個紅衣女子，兩隻長袖，夾著一陣香風，在幾個相鬥之人中間，揮舞了幾下，幾個悍匪都栽倒在地。這時除了死傷之外，大股土匪已經逃走，還有七、八個仍在拼命。田福泰大喝大聲：「你們頭目已經被擒，你們還不投降，真要等死不成？」那些土匪這才放下武器，跪地求饒，田福泰指揮部屬，把匪首一個個上了綁，再看時，那有什麼紅衣女子的芳蹤？驚奇之餘，驀然想起十八年前的往事。

狐狸遇救

臘月初六，是長宜哨的場期，快過年了，正是土匪覬覦的日子，田福泰帶了十幾個弟兄去監場，已牌時分漸漸登場，叫賣聲、討價還價聲、畜牲號叫聲、邊旁賭攤的么喝聲……倒也十分熱鬧，田福泰等人到處巡視一回，沒有發現什麼雜眼人物，直到散場後，他才帶了弟兄慢慢離開場地。

離場兩里左右，有一段下坡路，田福泰剛下坡，忽聽前面樹林裏狗聲吵雜十分急燥，以為有匪警，叫弟兄們從兩邊坡口包抄過去，自己帶了三個人急急走下坡來，沒走多遠，只見張二混子從林子裏踉踉蹌蹌的跛了出來，後面一群野狗汪汪大叫的在他周遭撲咬，田福泰和幾位弟兄趕緊上前趕開了野狗，那些野狗雖被驅散，卻不甘心的老遠猶自叫個不停。這時田福泰才看清，張二混子懷中抱了一隻狐狸，已被野狗咬得血跡斑斑，奄奄一息了。張二混子一身衣服也被扯爛，腳上也被咬破，還在淌血。

田福泰忙問是怎麼回事？二混子說：「這一場老是抓閉十，最後一把天九遇地槓，輸得我精光。賭錢不怕輸錢，只怕斷梢，只好快回去找本，剛到那邊坡上，這隻狐狸慌裏慌張跳過來，直往我身邊依偎過來，我一看大喜，光是尾巴就值幾兩銀子，就把牠抓起來，那知道這一群野狗，從四面八方撲了過來，亂咬亂抓，不但把狐狸一身毛色抓得稀爛，連我自己也被咬了幾口，剛才好痛，上了你的藥才止住了痛，你的藥真好！」

奇怪，那狐狸已快死了，閉著眼睛，混身發抖，聽到說藥好，竟然睜開一雙碧澄澄的眼睛，望著田福泰嗚嗚的叫了幾聲，像似哀哀求救的樣子。田福泰見狀，心有不忍，便把狐狸抱了過來，在傷口處也灑了些傷藥，一面對張二混子道：「這隻狐狸快死了，不值什麼錢，我看我給你二兩銀子拿去作賭本，狐狸我帶回去治療，治好了你再拿去賣，再還我的錢，治不好銀子算我送你的。」二混子一聽大喜，忙道：「承你救了我，我還敢要你銀子，不過我也實在走頭無路，等我翻了梢，銀子一定奉還，狐狸我也不要了。」田福泰笑了笑，便拿了二兩銀子給他，回城交了差，轉回家裡用溫水仔細把狐狸洗乾淨，重新敷上藥，才三、五天，傷口已經復合，慢慢的長出毛來，田福泰十分高興，那曉得有一天應卯回來，竟不見那隻狐狸了，到處找尋無著，心裡雖有些悵然，卻也無可奈何，只有罷了。

紅衣女子月夜迷人

傳說每逢望日，當月出三更時分，文廟東廂閣樓上，有一個人在那裡徘徊，後來有人看清楚是一個穿紅衣服的女子，向月跪拜，傳說儘管說得活靈活現，卻沒有正人君子跑上去察看一番。可是聽在一些登徒子的耳中，難免生出些非非之想，前往一探芳跡，誰知有的去了之後，一無所見，有的則忽然暈倒，更有暈倒後醒來時發覺不對，下身濕漉漉的，粘膩膩的，竟然失了元陽。

田福泰住在筆架城下洪公井附近，每天到中營衙門去處理公務，都是從文星街翻過西門坡，由炭弄子過去。自從傳說紅衣女子出現，特意經文星街插過文廟巷子，從登瀛街繞道門口過去，早出晚歸，每次經過文廟時，什麼也沒有發現。

中秋是一個大節，入夜之後，石蓮閣、奇蜂寺及城樓子上，到處都有人賞月，最熱鬧的是去道門口摸獅子（道台衙門外有一對石獅子，最為靈驗，若身體不適，撫摸後可以不藥而癒。），定更砲一響，月亮初昇，男女老幼都去上香上供，爬上去摸一下獅子，人山人海，摩肩擦踵。在照壁下面賭攤上，也擠得水洩不通，田福泰也來湊熱鬧，他不是摸獅子，也不是賭錢，為的怕歹徒滋事，因此在丁茂昌院子裏喝酒談天，一面賞月，不時到外面巡視一番。

三更盡，遊人，賭攤都陸續散了。田福泰辭了主人，帶著幾分酒意，慢慢踏月走回家去。才進入文廟巷子，遠遠的看到文廟大門半開半掩著一個人影一閃走了進去。田福泰心裏一動，緊走幾步，推門進去一看，什麼也沒有，再圍著那株大桂花樹走了一圈，也沒有發現人影，只道自己喝了酒，眼睛花，於是轉身出去，忽然一陣香風，從墻角走出一個女子，遍身紅衣紅裙，像火焰般的奪目，長得貝齒紅唇，蓮目月面，姿似王墻，貌賽西施，笑媚媚的向他招手。田福泰不禁迷迷糊糊的走了過去，伸手就去摟抱，可是手一張出，驀地警覺，「呸」了一聲，順手指著那女子道：「你這位姑娘，三更半夜到這偏僻隱蔽的地方來，不怕壞了名節嗎？女人家以貞操為第一，你如果是仙佛鬼怪，也該到深山洞府修練，才能成正果，老是迷人作祟，必遭天譴，如果不信，就先嚐嚐我的降魔掌。」那女子聽了此言，忙向田福泰拂拜下去，正色道：「恩人果然生具慧根，昔日蒙你相救，今天又承訓誨，真是沒齒難忘。」說罷，紅光一閃就不見了，從此再也沒人看見那位紅衣女子了。

七、檢禾線的孩子——滕加洪

滕加洪，字治平，原籍麻陽，父親忠信公因在鎮竿鎮前營衙門充當師爺（即文書工作），乃攜妻兒遷居鳳凰，不幸於滕加洪八歲那年病故，遺下周太夫人與滕加洪母子，孤苦伶仃。由於家貧，滕加洪也失學了，只好把父親在生前所教過的四書五經自己苦讀。

十三歲那年秋天，母親周太夫人生了病，賴以謀生的女紅也不能做了，甕櫥空蕩，無以為食。平日幾個玩伴，就邀他去西門外池塘坪檢禾線，一連幾天撿了不少，拿回家曬一曬，搗去谷穀，也可以煮飯熬粥。一天一大早，他不等鄰兒來邀，一個人就去了，待到晌午已撿了一大筐，正由土橋壠要回家，適逢地主帶了工人來送晌午飯，見他撿得很多，隨口說道：「這麼多？是偷的嗎？」這時一個孩子叫徐喜麻子，正嫉妒他撿得多，就大嚷「是偷的！」說著就來搶他的筐子。在打谷田裏撿禾線是被允許的，滕加洪辛苦撿了一上午，被誣為偷竊，自然不服，在爭奪中，一拳把那個大了他好幾歲的孩子打倒在地，地主就叫了兩個工人將滕加洪攔住，拳腳交加毒打一頓。幸好及時來了救星，一個身材修長的老者，走了上去，左手一格把幾個工人格退，右手扶起滕加洪，說道：「禾線是偷的、撿的，一看就清楚了，這些禾線上面，都沾了泥巴，分明是撿的，為什麼賴人家偷？幾個大人打一個小孩，更是不該！」那地主自知理屈，只好連聲道歉。

滕加洪無端受辱，好不服氣，心想「你們打我好了，將來總有一天我會把這一壠田都買下來。」那老者見到滕加洪並未受傷，又見他雖然長得健碩，卻是白淨斯文，問明他來撿禾線的緣故之後，對他說：「以後不要來撿了，明天一早到石蓮閣去幫我做點工，我給你工錢。」再三囑咐後揚長而去了。

第二天一早，煮好了稀飯，就跑到石蓮閣去，果見那老者在門口等著，見了他就說：「看你樣子是讀書人家子弟，只是天下即將大亂，讀書科舉難得出頭，看你的長像，是個練武的料，在這方面必然有出息，從現在起，你每天到這裏來，我教你功夫，可不准對別人講，連你母親也不要說，只說替人作工，我給你工錢。」也是滕加洪福至心靈，叫聲「師父栽培」，跪在地上叩了四個頭，從此他每天上午到石蓮閣練武，有時下午也替人家做些零工，貼補家用。

道光二十七年（一八四七）十六歲時，投效了鎮筸鎮標，編入中營，初試時由於他的武藝好，選為練勇，營中好些青年都從他練武，稱他為小師傅。

道光二十八年，兩廣大飢荒，匪盜蜂起，廣西巡撫鄭祖琛老病怕事，緝治不力，按察使勞崇光頻年馳剿。道光二十九年（一八四九）會匪李洪發流竄湖南新寧一帶，鎮筸鎮奉檄派兵會剿，由游擊萬勝鈞率領一個營前往，從此滕加洪隨軍步入征途。

鎮筸營在勞崇光指揮下會剿李沅發，幾次戰鬥下來，滕加洪表現特出，只昇了個弁目。到咸豐二年（一八五二）二月，鎮筸營從勞崇光收復了桂平、平南，同時加入圍攻永安戰鬥，勞崇光以鎮筸營驍勇善戰，成立敢死隊，突擊永安，滕加洪又立了大功，太平軍進入湖南，圍攻長沙，筸軍田興恕用火攻奇擊，阻遏攻勢。滕加洪從勞崇光轉戰于湘桂之間，無不身先士卒，斬將擥旗，先後收復茶陵、悠縣等地，以功奏保藍翎千總。後來鎮筸營從羅澤南克復江西廣信、饒州。此時滕加洪已敘功都司，鎮筸營擴兵至一千二百人，號稱「常勝營」。咸豐八年，會李續賓克復九江，李詔加巡撫銜，滕加洪實授都司，加遊擊銜。

咸豐十年，田興恕任古州總兵，于九年解寶慶圍移師靖州，署貴州提督，乃招滕加洪常勝軍助剿苗亂。旋因田興恕殺法國教士，詔罷欽差大臣兼貴州巡撫、以韓超代署巡撫。此時苗亂日熾，滕加洪由晃州急進，先後收復銅仁、卬水等地，苗亂稍息，不久韓超以誤信撫回之議罷巡撫，貴州兵力十分單薄。同治四年，張文德回鎮遠，雲貴總督勞崇光，令其募勇練兵清剿殘匪。張文德乃奏調滕加洪協力助剿，至同治十三年，苗亂復平，全省底定，張文德獲授雲騎尉世襲，光緒元年，加頭品頂戴，署理貴州巡撫。滕加洪則敘功晉至提督銜記名總兵湖南臨武營參將，誥封「建威將軍」。

清季的榮銜與封典

清季的功臣，朝廷為嘉其功勳和榮耀，除了賜予黃馬褂及加贈巴圖魯之外，還有頂戴和誥封。

所謂頂戴，是以官服帽頂的品質來區分品級。帽頂是珠形的，以珊瑚、瑪瑙、青金石、水晶、硨磲等製成，以示等級差別。有功的並配以花翎，花翎是用孔雀翎為飾，普通的只一眼，最高三眼，有重大功勳或特恩的才賞戴。

誥封即是封典，乃為朝廷頒給功臣和他的先世以爵位名號的榮典，沿自晉朝，備於唐朝。清代覃恩予封者，本身為「授」，曾祖父母、祖父母、父母、妻，存者為「封」，歿者為「贈」。五品以上官，授誥命，謂之誥授、誥封、誥贈。六品以下官，授勅命。謂之勅授、勅封、勅贈。一品官遠及曾祖父母，三品以上達及祖父母，七品以上達及父母及妻，九品以上僅及於身。

這種封典以黃綾作成軸卷，上書賜予的事略與褒詞，蓋上玉璽，派由專員頒授，奉頒的人家排出香案拜受，通常捲好供於中堂，春秋祭祀或年節喜慶，才展開懸掛。受頒者如果歿後，也有將褒詞錄刻於墓碑之上，標題「綸音」。篁軍四位提督以及其部屬，受封贈的很多，榮耀到處可見。

筆者八八年返鄉探親掃墓，發現滕加洪曾祖滕芸勝、祖父滕有容，均獲誥贈「振威將軍」，父滕忠信誥贈「武顯將軍」，滕加洪則誥授「建威將軍」可見一品官之封典遠及於三代。又滕忠信褒詞已錄刻於其墓碑上，字跡清晰，茲抄錄於後，以供史家參考。

「綸音」制曰：「寵綏國爵，式嘉閥閱之勞，蔚起門風，用表庭幃之訓。爾滕忠信迺記名總兵湖南臨武參將滕加洪之父，義方啟後，穀似光前，積善在躬，良型於弓治，克家有子，拓令於韜鈐。茲以覃恩，封爾為武顯將軍，錫誥命。於戲！錫策府之徽章，洊承恩澤，荷天家之休命，增耀門閭，怙恃同恩，人子勤於將母，赴桓著緒王朝，錫類以榮親。爾周氏迺記名總兵湖南臨武營參將滕加洪之母，七誡嫻明，三遷勤篤，令儀不忒，早流珩瑀之聲，慈教有成，果見干城之器。茲以覃恩，封爾為一品夫人。於戲！錫寵章而煥采，用答劬勞，被象服以承休，充膺光寵。」

同治四年九月二十八日提督銜記名總兵湖南臨武營參將滕加洪恭錄。

八、湘西趕屍側記

是一個陰鬱的冬天，天上滿佈著雲霾，西北風呼嘯著在空中捲起，夾著一片塵沙，打得草木一陣亂響。

由貴州銅仁通往鳳凰的道路上，這種天氣很少行人，日暮以後更是路斷人稀，離開大道另外的一條山徑，尤其寂靜得怕人。

這時一個十三、四歲的孩子，挾著一個老人，躲躲閃閃地穿走在林蔭叢莽間。那老人似乎受了很重的傷，呼吸微弱，與其說是孩子負著，不如說是孩子托著，因為他全身都倚靠在孩身上；那孩子年紀雖小，可是卻十分堅強，忍著飢寒，吃力地負著老人，一步一步地蹣跚前進。

一個不小心，那孩子顛了一下，幾乎把老人摔倒，他急忙穩住了，把老人負好，老人被震了下，吃力地睜開眼睛，嘆了一聲，說道：「占標，放下我來，你自己快走吧！不然讓他們趕上，連你也沒命了！」那孩子強忍著眼淚說：「不！爺爺，我不能一個人走，不能把爺爺丟在這不顧，我們到了興隆場就不怕了。你聽，後面不是沒有聲音了嗎？那夥一定走大路，追到一邊去了。」老人沉默了一會，嘆聲說道：「只怕走不到興隆場了，唉！真苦了你了。」

在山徑叢莽間本來就不好走，何況走黑夜，這一老一少，一個受了重傷的人，由一個孩子扶著，當然走不快，走了兩個更次，也不知走了多遠，所幸把追趕的敵人甩掉了。這時轉出一個彎道，那孩子立在坡道上，向四周看一下，前面一片平地，依山那邊隱隱約約露出一排矮牆，不禁高興地說道：「好了！前面就是三官廟，再翻山就到興隆場了。」老人「啊」了一聲，說：「你累了，我們就到三官廟休息一會，等天亮再走吧！」

三官廟已多年失修，沒有人住，破碎坍塌不堪；廟門雖然關著，一推就開了。走進院子，到處都是雜草和牛馬糞便、殿堂裡散著一些稻草，偌大一個神殿，除了神像、神座之外，沒有一件家具，地上散著一堆堆火燼，四下裡空無一人。孩子把老人放在神龕旁靠著，攏了一些稻草，推攤在一起，再把老人扶著躺下，又找了些枯木殘炭想生火取暖，卻找不到火種，只好在老人身邊也躺了下來。

這老人也是一個強者，受了如此重傷，為不使孩子傷心，竟然也強忍著身上的創痛，沒有發出一點呻吟之聲，也許是傷暈了，只昏昏沉沉地躺在地上，一動也不動。

孩子雖然年紀小，而且又餓又冷，但卻十分關心爺爺，睡了一會又爬起身，看看身旁的爺爺，雖然呼吸很弱，但睡得很濃。

此時萬籟俱寂，聽不到一點聲音，黎明前的黑暗，看不到四周的景物；他又伏身下去，忽然聽到一陣橐橐的聲音，他隨爺爺練過武功，懂得一些聽視的竅門，他把地上的稻草撥開，用耳朵貼在地上，果然聽到有人走動的聲音，離此不算太遠，而且正是向這個方向走來。他很警覺，小心地不驚動爺爺，輕輕地爬起來，躡手躡足地走向廟門，四面張望，果然有一夥人正走出彎道。他急忙閃進廟裡，那廟原是不能門只虛掩著。他倚在門牆邊，從破了的門板中看出去，隱隱約約見那夥人正朝三官廟走來，只是這夥人走起路來，趺趺撞撞，腳不打彎，僵硬挺直，手不甩，頭不動，路上的泥土和著小石子，隨著腳步起落向前滾動，不像是練過武人的走路。他心想也許是一夥走私鴉片煙的私梟，因為這條山徑就是私梟常出沒的路，如果真是私梟，那就不怕了，而且還可以向他們討點乾糧充飢，碰巧還可向他們要雲南白藥醫治爺爺的傷。想到這裡，精神為之一振，警戒之心也鬆弛了許多。

這時，東方已現出魚肚色微光，那夥人漸漸走近了，看清楚為首一人身著青布道袍，腰繫一條黃布腰帶，足踏芒鞋，頭戴竹笠，左手捻訣橫在胸前，右手握著一柄短劍，後面跟了六、七個人，一色的青布衣衫，長短不一，腰上都束了一根草繩，頭戴斗笠，赤足草鞋，鼻梁架了一副眼鏡，框子又粗又大，原來都是篾條（竹子破開）紮成的，並無玻璃，僅是一個空框子。最後一人，輕裝打扮，橫持一條齊眉棍，十分警覺地照顧著前後左右。

那道人領先走向三官廟，點開廟門走了進來，孩子已經看呆了。等道人進了廟門，他才向旁邊閃去，誰知腳下踩了塊石頭，一個踉蹌，訇地一聲碰向廟門，口裡不禁「啊」地一聲叫了出來，跟在道人身後的那些人，正走進廟門，被那響亮的叫聲驚動，一窩蜂地衝向孩子，後面輕裝漢子見狀，一個箭步竄了過去，把齊眉棍橫在孩子面前。那道人忙把左手舉起來，右手揚劍向那夥人指指點點，口中唸唸有詞，一雙精光閃亮的眼睛，射一道懾人的光芒，凝視那夥人。再看那夥人，面無表情，悄無聲息，色同死灰，四肢僵直，經那道人目光一照，才一步一步地走開，道人也亦步亦趨地把那夥人隔到殿角的一隅，排列在一起。那輕裝的漢子，從背包裡取出香紙，在院子裡焚化，那夥人才僵立不動。

孩子習過武功，頗有膽識，但卻被那些怪人嚇得不知所措。輕裝漢子看清是個孩子，忙走過去，拍了拍他的肩，輕聲說：

「不要怕，我們是趕屍的，剛才你驚動他們，幸虧凌雲道長及時施法，才沒弄成大亂，以後不要驚動他們，他們是不會傷害你的。」不等孩子說話，又執著他的手道：

「你這孩子，黑夜裡躲在廟裡做什麼？這荒山野廟，難道你不怕？你姓什麼？

叫什麼？」

小孩驚魂甫定，被他一問才想起爺爺不知受了驚沒有，想掙開手過去看爺爺，一面說：

「我叫王占標，爺爺受了重傷……」一面指著神龕旁的爺爺。輕裝漢子仍然握住孩子的手，跟著他走，聽了她姓王，爺爺受了傷，不等他說下去，即問：

「你爺爺是不是人稱鐵掌王，王和順嗎？」孩子驚奇得點點頭，問道：

「你怎麼知道？」輕裝漢子道：「傍晚經過雙溪口，聽說鐵掌王和當地賭棍單刀歪頭張，不知何故打了起來，歪頭張被鐵掌王打了一掌，震斷心脈，不久便死了！他的二、三十個手下，打趴了一地，只是聽說鐵掌王也受了傷，又看見歪頭張師弟帶了一批人追了下來。我是鐵掌王的師侄，急著要知道師叔的下落，你爺爺傷勢如何？快去看看。」他拉了孩子走向神龕，近前一摸，冷冷的，王順和已經斷氣多時了。

孩子一見爺爺死了，不由得抱住爺爺嚎啕大哭。

凌雲道長忙走過來，拉起孩子喝道：

「不要哭，驚了殭屍又要多費手腳。」

孩子果然不哭了，望望那些殭屍，幸好沒動；再望望凌雲道長，只見他滿臉慈祥，關懷之情，與剛才那懾人心魂的眼光，迴若兩人。凌雲道長摸著孩子的頭，和藹地說：「人死不能復生，不看那些都是死人嗎？」他嘆了一口氣，又說：「我不會把你爺爺的屍體和那些殭屍一起趕回去，在路上受折磨。」

他望望那輕裝漢子說：「這樣罷，反正白天我們不能走，等天大亮，我陪孩子到興隆場去買口棺材，僱幾個人送孩子扶柩先回去。」又轉頭對孩子說：「你與我有緣，我要成全你，一個月後，你到鴨堡寨來找我。」

聽說凌雲道長是「祝由科」法師，湘西趕屍的人多由「祝由科」行法。

王占標以後人稱王司令，在鳳凰縣苗鄉俠名頗著，上面這段江湖恩怨和趕屍一瞥，都是王占標親口告訴我爺爺的。

筆者模範小學卒業那年，我爺爺雪樵公告訴我這個故事。我問爺爺：

「是真的嗎？」

「是真的，聽王占標說確有其事。」

「你親眼見過？」

「沒有，我也存疑此事的真相！」

後來聽我爺爺分析，有兩種可能：

一、光緒年間，鴉片煙走私猖獗，因關卡檢查嚴格，私梟只有裝神弄鬼，利用夜間，將鴉片綁在所謂殭屍身上，蒙騙過關，萬無一失。

二、太平天國翼王石達開出走四川，在金沙江被清軍擊潰，部分散兵各自逃命，由四川回廣西老家，湘西是必經之路。他們不敢白晝闖關，只有扮裝殭屍，一批一批集體夜行，是回家最安全的方法。

這兩種邏輯判斷，似均有可能，讀者你認為呢？

（本文原刊美國紐約「世界日報」二〇〇二年一月二十七日副刊）

九、小苗女的「泥鰍水功」

田益智先生是鳳凰有名的藝術家，擅長繪畫，金石、陶藝，曾參加過南洋賽會，並得到優等獎；在鳳凰士紳中，提到益智先生，沒有不尊重他的。但這並不是因為他畫得好、雕得精，而是他樂善好施、熱心公益，而且談吐風趣、謙和有禮，人人都喜歡和他接近。

民國十一年，湘西、黔東一帶，久旱無雨，稻穀蔬果，顆粒無收，發生大饑荒，大批的災民都擁向城市求食。鳳凰是個山多田少的縣份，在平時糧食也只能自給，一下由苗鄉擁來許多災民，雖有一些縉紳進行賑災工作，最多也只是施粥而已。對災民而言，一天去領兩次粥，已經能夠苟延殘喘了。但以當時狀況而言，縉紳們已盡了最大的努力。

益智先生本是一個樂善好施的人，救災施粥的事；自然少不了他。他除了向富豪商賈勸募之外，每天還親自去督促施粥的工作。災民一批一批的去，又一批一批的來，其中有位龍鐘的老苗婦，帶著一個八九歲的女孩，自施粥以來，兩個多月從未間斷，總是蹣跚而來，被擠在後面。有一天被益智先生發現了，憐恤她老的老，小的小，而且都體弱多病，因此常常親自把一鉢粥送到她面前，不要她排隊擠領。

這天益智先生又去督促施粥，卻不見那老苗婦，只那女孩淚流滿面的被擠在一旁，一問，那女孩道婆婆病了不能來。益智先生又吩咐留了一鉢粥送給那女孩，但恐怕她把粥潑了，就親自捧了那鉢粥，要女孩帶他到她婆婆落腳的地方去。到了那裡一看，那老苗婦已是奄奄一息的躺在地上，聽到女孩叫她，睜眼看見益智先生親自捧了粥來，臉上流露著感激之色，掙扎著要爬起來，益智先生連忙放下鉢子，把老苗婦扶起，並囑咐女孩用碗盤盛粥給她喝，老苗婦勉強支撐著上身，且不喝粥，對益智先生說：「老婦祖孫蒙先生照顧，感激萬分，只是老婦已不能治好了，可憐這孩子，她父母早在五年前去世，如果老婦死了，只怕這孩子也活不成，望求先生大發慈悲，收容她做個丫頭，老婦就死而瞑目了。」益智先生說：「你放心，你會好的，我會照顧你們，你且喝粥，等我找一處避風雨的地方安頓你們。」說完就匆匆走了。誰知等他再帶了人來的時候，那老婦已經死了，只好叫人把她埋葬，並把那女孩帶回家去。

小苗女名叫秀娥，到了田家，有了足夠的飲食營養，小孩子恢復得快不久就變成一個活潑可愛的孩子。益智先生和他的夫人田師母，以及他們的孩子儒禾、儒皇都很喜歡她，並不把她當丫頭看待，除了掃地抹桌子之外，並不要她粗重的工作，有時還教她認字讀書，只是這女孩有個最不好的毛病，愛偷東西吃，而且都用手抓，這也許是挨餓久了，見到食物就想吃，經告誡了好幾次，卻仍是屢誡不悛，田師母最不喜歡這種行為，就是儒禾兄弟有這種行為，也要挨打，對於秀娥的屢誡屢犯，真恨得牙癢癢的。

一個星期天，孩子們都在書房溫習功課，秀娥也在書桌上寫字，弄得兩手的墨。忽然叫吃飯了，儒禾兄弟收拾了文具書本，先去後面洗手，這是田師母的規矩。秀娥卻逕自跑進飯廳，一看四下無人，餐桌上已擺幾碗熱騰騰的菜，禁不住伸手去抓了一把，往嘴裡送。田師母正好進來，看見她兩手漆黑的抓菜吃，不由得不怒，抓起桌子上筷子，就在秀娥手背上敲了幾下，並罰站在一旁，不准吃飯。當時只不過想藉此警誡一下，讓她餓一會，也許以後就不再犯了。誰知秀娥這孩子，確是餓怕了，挨了幾下還不要緊，眼看大家吃飯，自己卻吃不到，心裡忿恨不已，趁大家吃飯不注意的時候，竟自偷偷的跑了。直到吃完了飯，收拾碗盤，還不見她回來，才四處去找，一連三天在大街小巷也找不到人。益智先生感到很難過，第四天他從東門外回來，看見秀娥站在一家店鋪門口，滿身泥污，好像餓極了的樣子，於是把她帶了回來替她換洗了，再叫她吃飯。如此又過了些時候，不知是小孩子善忘，還是天生的劣根性，秀娥又到廚房裡偷東西吃了。不巧又被田師母看見，正待喝問時，秀娥害怕挨打，拔腿就往外跑，田師母一人在家，追了幾步追不上，等益智先生回來，派人去找，卻也找不著。

又過了幾天，益智先生從南門外回家，剛進城門，忽然聽到後面在叫：「大老爺！大老爺！帶我回去吧，我再也不跑了。」益智先生回頭一看，卻是秀娥，她不等益智先生開口，走向前，雙膝一跪，抱住益智先生的腳，大哭起來。益智先生最是仁慈不過，於是又把她帶回家去。

這次真的惹惱了田師母，雖然也給了她一點吃的，卻恨她偷嘴犯錯，還要逃跑。於是用一根繩子把她綁在書房一張太師椅子上，自己就到後面忙家務去了。過了一會，儒禾兄弟放學回來，先到書房放下書包，看見秀娥綁在那裡，正要問她，秀娥哀聲道：「大少爺，我渴得很，給我點水喝好嗎？」儒禾就去倒了一杯茶給她喝了，再去放茶杯的時候，叫儒皇先到書房把秀娥放開，快要吃飯了。誰知儒皇到了書房卻不見了秀娥，等田師母來看時，而那繩子卻依然綁在太師椅上。

又過了幾天，秀娥自動的回來了，跪在田師母面前，苦苦的求饒，說是再不敢偷吃東西，也再不敢跑了。看她的樣子，好像又挨了餓，而且餓得發荒才回來的。也不忍再責罰她，叫她換洗了，端出飯菜讓她吃個飽。自此以後秀娥真的乖了許多，進食前後必然去洗乾淨手臉，幫忙做點家事也更勤快了。

又是一個星期天，這是一個秋高氣爽的日子，益智先生準備帶領全家上觀景山登高郊遊，先一天田師母就做好一鍋滷菜，做好野餐之用。當要出發前去拿滷菜時，只見秀娥慌慌張張由廚房跑出來，田師母心知有異，一把抓住秀娥到廚房一看，只見廚櫃大開，滷菜攤了滿地，連缽子也打碎成七八塊。秀娥此時已嚇得面目變色，自然這又是秀娥的傑作了。如此秀娥被用一根粗繩五花大綁了起來，一頭拴在一個石座上，那是在花壇旁承放大金魚水缸的石座，一旁有一個排水孔，繩子就由那排水孔穿過。

田師母氣得不去郊遊了，益智先生也悻悻的回到書房，儒禾兄弟也自己去玩了。田師母無精打采的到廚房去收拾一地的破碎和菜餚。當她清洗乾淨回到房裡時，只聽到院子裡有人叫「怪事！怪事！」益智先生也聽到了叫聲，走出來看時，只見常來走動的吉師傅站在花壇，對著那堆繩子叫怪事，卻不見秀娥。吉師傅見了益智先生，問道：「你們把甚麼人綁在這裡？」益智先生反問：「你何以知道這裡綁人？」吉師傅道：「我來的時候，缸裡水還在動，摸摸繩子還有點溫，這是一種有法術的人遁走的跡象，你們那有這種本事把一個有法術的人綁住，而又讓她遁走了，所以我說怪事。」益智先生於是把經過情形從頭到尾說給他聽，吉師傅說：

「這是祝由科的一種法術，叫泥鰍水功，不論你綁得多牢，只要喝一口水，就可以遁走，苗鄉裡的蠱婆也有會這種法術的；幸好你們積善之家，而走了的又是一個小女孩，要不然把這種人養在家裡，真不知要為你惹多少麻煩。」說著口裡唸唸有詞，捻起手訣，對著那繩子虛劃幾下，又說：「把那繩子燒了就沒事了。可不能再找她回來！」吉師傅去了，秀娥也不再回來了。

這個單純的故事，沒有半點虛構，是確確實實曾經發生在我們縣城的怪事。

十、你敢到天王廟賭咒嗎？

「你敢到天王廟賭咒嗎？你賴帳！」

「真是天大冤枉，我們到天王廟賭咒好了！」

中國人是多神的信仰者，鳳凰城廂內外，不下百十座廟宇寺院，但只有天王菩薩（鳳凰人稱神也叫菩薩）愛管這些詐欺、哄騙糾紛的閒事，而且最為靈驗，因此到天王廟賭咒，成為唯一解決糾紛的途徑了，如果不敢賭咒，那就表示心虛，就認輸還錢吧！

天王廟建築在東門外觀景山麓，出東門城門洞，沿邊街走過護城河，不到一百公尺，就到了天王廟的山門，山門土地公守頭門，入門右邊，有三間偏房，供奉三位天王的坐騎和馬扶，真人一般大小，是雕塑家張秋潭先生的傑作。神情威猛，英氣逼人，栩栩如生。

進入二門是一片平地，約有三百公尺見方，南面是一座酬神戲台，東邊一列三間木樓，是看戲的包廂，北面再上十餘級石階，又是約百坪的敞地，向上才是正殿。殿前放置兩具高丈許的銅鼎，專為燒化錢紙之用，大殿建築得雕樑畫棟，金碧輝煌，殿內匾對林立，香火繚繞，三位天王坐北面南，大王爺白臉，二王爺紅臉，三王爺黑臉，寶相莊嚴，目光如炬，望之令人敬畏，如果作了虧心之事，不禁要戰慄不安了。再進去又有一座後殿，供奉母后，莊嚴慈祥，也是香火不絕。

神奇的來歷

在正殿的西壁，有一塊石牌，泐著天王的出身和事蹟，大意是說「天王母田氏，感龍而孕，一胎產下三男，以龍為姓，及長，各身高丈二，膀闊三亭，孔武有力，登山涉水，如履平地。會苗亂，應募從軍，率族眾三十六人，殺敵九千，亂平，各封將軍。死後，民感其德，為之立廟奉祀。」又據傳說，鳳凰七樑洞有天泉湧出，鄉民用以灌溉，但泉水時而向東，時而向西，鄉民甚異，入夜往視，赫然發現一少女與龍交媾，龍尾向西則水西流，龍尾向東則水東流，後女孕，產三子，皆有神力，時逢苗亂，總兵傅某奉命剿賊，數戰不勝，被圍於七樑橋，龍氏三兄弟，奮勇殺賊，斃敵九千，苗亂遂平，敘功巴圖魯平蠻侯，召見時主上看龍氏兄弟，生相魁偉兇猛，且以三十六人竟能殺敵九千，其勇武自非常人所及，如果作亂，則無人能制，遂於賜宴時在御酒中下毒，飲三罈不醉，但仍於還鄉途中先後毒發而斃，死後因飲酒多少而面色不一，老大白色，老二紅色，老三黑色，三人冤死後陰魂不散，與上理論，帝無奈，皆追封王爵，陰陽兩管。鄉人為之立廟，奉為天王。

當剿苗戰役結束，戰場附近入夜之後，鬼哭神號，立廟入祀才安靜無事。傳說戰死的九千苗人都被天王收為陰兵。如今廖家橋、七樑橋、得勝營一帶，還留著一首打油詩：「三十六人殺九千，暴屍七樑大橋邊，盔甲棄在大路旁，戰馬埋在濫泥田。」傳誦至今。

天王顯聖事蹟

天王菩薩顯聖的事，傳聞很多，說的更是活靈活現，因此到天王廟敬香的也是絡繹不絕，尤其逢年過節，去上供的人，常常要排班等幾小時，可是敢到天王廟賭咒的

祇見二根兩眼翻白，一個踉蹌由二門翻滾下來。人們說是三王爺踢了他一腳。（圖五）

卻不多，因為凡是有糾紛，總有一方理虧。

民國十三年川軍過境，先打乾城，守城兵力薄弱，地方人士只有救助於神，將天王軍旗插在城頭，川軍見城上黑壓壓全是人，改用迫擊砲射擊，說也奇怪，砲彈不是打不到城邊，就是超越城區，落到城外去了。累攻不下，只有棄乾城而打鳳凰。

民國十四年黔軍過境，地方人士因為先一年川軍過道燒殺淫擄，翻箱拆壁，造成很大的損失和傷害，而風聞黔軍的紀律，較之川軍更壞。那時陳渠珍的軍力，不過幾千人，主力又駐守在永保龍桑一帶，鳳凰守城部隊，不到一連人，城外較為殷實的人家，年輕婦女都到城裏來避難，大家都惶惶不安，一日數驚，傳說商會會長焦祥昌，得到夢示，會同幾個首富巨商，到天王廟燒化了一萬雙草鞋，百多匹紙馬。當黔軍進入鳳凰縣境，一部到達廖家橋宿營，晚上聽到人馬嘶叫，啼啼噠噠走了一夜，以為陳渠珍大軍到了，倉皇走避，但又想進入城區大擄一番，誰知快到城邊時，只見城垛子，站滿了持刀荷槍的彪形大漢，擂草坡和喜雀坡山腹上也有兵馬，嚇得不敢向前，只得避開城區，急急忙忙悄悄的向東而去，一夜之間走得乾乾淨淨，城箱內外，並未受到騷擾。這件事後來傳說是天王菩薩派出陰兵護城。雖是無稽之談，但黔軍當日繞城而去，未受到騷擾，卻是事實。

賴帳的下場——被三王爺踢了一腳

廖進財是個勤儉而又老實的人，在道門口賣豬血餃條為生，每天起四更就到屠夫處買一盆豬血，烹熟打成小方塊，然後把頭天準備好了的鍋子、鼎罐、麵團、茶油等，以及各種作料，和進財嫂與十五歲的兒子連華，一起挑到攤位去，一面炸油條，一面烹豬血湯，五點多鐘就開始了一天的生意。由於他的油條大而香脆，豬血烹的嫩而爽口，作料又好，薄利多銷，所以生意好，幾年下來，已經積蓄好幾十塊光洋，心想再過一兩年，替兒子娶房媳婦，家中添了人口，自己又多一個幫手。

楊二根是進財的鄰居，作布生意，終年挑著布擔子四鄉趕場售賣，清早出門，傍晚回家，每逢五、十的日子，就休息一天。生意不錯，人倒也本分，只是不知什麼時候，被幾個在場上認識的朋友所引誘，拉去賭錢。賭博這玩意兒真有點邪門，初學的人總是會贏，入門之後就有贏有輸，往後如果沉溺下去，那就輸得多贏得少了，而且越輸越想翻本，輸得也越多。二根的狀況正是如此，漸漸的連作生意的本錢也沒有了，因此近來常常與二根嫂吵架。

平常的日子，二根趕場去了，二根嫂作完家務，到下午總帶著縫補的東西，到廖家和進財嫂閒聊。因為進財不作下午生意。近日好幾天二根嫂在哭，進財嫂忙過去相勸，只聽二根嫂說：「這日子怎麼過，看你以後……」當發現進財嫂推門進來時，就把話打住了，二根則在堂屋裏走來走去，唉聲歎氣。進財嫂就問：「什麼事嘛，說出來好商量，不要吵！」二根嫂先歎口氣，然後說：「他把本錢都……」二根不等她說完，忙搶著說：「上一場趕廖家橋，生意原來很好，散場的時候，來了一夥苗匪，連錢帶布一齊搶了去，如今連本錢都沒有了，幾天來賒借無門，好幾天沒作生意了。」進財嫂是個最慷慨又義氣的人，況且又是多年鄰居，只不過還不知二根是賭輸了，就問：「像你這樣挑一擔子，要多少本錢？」二根說：「那要看布色和多少，如果多販些綢緞，要四、五十塊，少販些有過二、三十塊也夠了。」進財嫂又問：「要多久才能賺回二、三十塊呢？」二根說：「現在正是旺季，運氣好有三個月的工夫，到過年時就可賺回來，少趕幾場到三月間也可賺回來。」進財嫂說：「如此你們不要哭、不要吵，我借給你們二十塊光洋，趕明年二、三月間還我就是了。」於是回家拿了二十塊光洋，交給二根。

二根得了二十塊光洋，又開始作起生意來，二根嫂再三苦勸不要再賭了。二根初時卻也不敢再去賭。到臘月廿幾，算算帳已足夠還帳，只是近日生意好作，本錢多點就可以賺，想再趕幾場還帳也還不遲。看看到了元宵節，趕場作買賣的倒不多，而賭博攤子卻多起來了。禁不起那些賭友相邀，又下了海，誰知一坐下去就爬不起來，又輸了個精光，所幸先一場在楊源昌家買布，因為沒開張只放了十五塊定錢，賭場上只賭現款，剩下了半擔布，還可以繼續作買賣，回家時二根嫂看布少了，卻沒錢，二根就謊說還了廖家的帳，並給了四塊錢的利息。二根嫂也就不問了。

轉眼又到清明，進財家要錢用，來討債，二根嫂很詫異，說：「不是還過了嗎？」此時二根已經無錢可還帳了，聽妻子如此說，一時不敢明說，也只好耍賴說還過了，雙方爭執不已，最後只好到天王廟賭咒。

當進財嫂上了香，焚了紙，訴禱之後，斬斷雞頭，瀝了兩碗血。自己喝了一碗，把另一碗遞給二根，忽然烏雲四起，一聲悶雷震得門窗嗡嗡作響，只見二根兩眼翻白，把碗一丟，一個踉蹌，兩三縱，就到了二門口，頭下腳上幾個翻滾，滾到三王爺馬扶外的石階上，一動也不動了。進香的人紛紛上來圍觀，只見二根七孔流血，背上還有一尺多長的靴印。（圖五）

人們說是三王爺踢了他一腳。

十一、硃筆斬龍脈與奇峰挺秀

明太祖硃筆斬龍脈

據民間傳說，在明朝洪武十三年（一三八〇），欽天監奏稱「天狗現於中國西南，有東犯紫微之象。」那時元末群雄都已一一消滅，只有盤踞雲南的元室餘孽梁王未除，乃於洪武十四年命傅友稔、藍玉、沐武三將出兵討伐，次年（洪武十五年）削平，至此中國完全為明室統一。

但此一天象卻沒有消除，欽天監又奏請派幹員率方輿術士赴西南勘察，據方輿術士攜回輿圖奏報，自雲南高原（那時貴州還未置省）向東北行，由雲南以東的梵淨山，延伸至湖廣（湖南、湖北也未分治）的武陵山脈，山勢綿延雄偉，有高屋建瓴之勢，發現有龍脈隱伏其中，此一地帶正在湖廣西南，為武陵五溪苗集居之所，自元以來皆由土司自治，而苗民慓悍，宜加威服，並請將龍脈破壞，以絕後患。

太祖遂以硃筆在輿圖龍脈上一畫，將龍頭割下。硃筆所至，也改變了沱江流向。據地方父老說，龍身就在鳳凰的南華山和觀景山，割下的龍頭，就是如今的奇峰。每當大雷雨之後，附近居民隱約中尚聞有龍吟。自從朱元璋硃批輿圖後，再也聽不到什麼龍吟了，不過聽說地方官開鑿河道時，還從河底不斷冒出血水，流了幾天呢！

奇峰雖被斬斷，依然挺拔蒼翠，有人說，孕育的一雙龍子在金勾掛玉（乃鳳凰八景之一）水廉洞中修鍊，此水洞下通鸞鷥潭，中由奇峰山底連接，奇峰受到龍之靈氣，故而風景奇美。後人在奇峰半麓建造了一座武候祠，把奇峰叫做「奇峰祠」，也成了鳳凰八景之一。每當月明星稀、風平浪靜，站在萬壽宮前的河堤上，當可看到兩尾三尺多長的金色鯉魚悠遊其中。

蓊鬱叢茂──奇峰

照前面傳說，沱江經鳳凰城北原是順著饒家碾子，穿過田家衖、小教場、沱田向東北流去，經明太祖硃筆畫過，河道改由公安殿、跳岩、水門口、迴龍閣、鷺鷥潭到棉寨再偏北而去，致使奇峰成了一座孤山，四麓都非常陡峭，一般遊客皆從南麓上山，一則山勢稍緩，且有石階，再則中途可在武候祠稍事憩息。

當曙光初現，城鄉內外菜市場早已開市，鬥雞場所更是熱鬧非常，過了大橋，進入譚家衕，踏上窄窄的石階山道，就只有林中的鳥鳴，此起彼落的打破寂寥，上得山來，四顧鬱鬱蒼蒼，在一片碧綠中點綴幾株山茶和楓葉，紅白相間，不時飄來一陣桂花香，吸一口新鮮空氣，沁人肺腑，不禁心曠神怡，再拾級而上，不覺就到了武候祠，不知是造物者傑作，還是人工開鑿，在陡峭的孤峰間，竟有一塊約有兩百坪的坪地，用來建祠。且暫不進入祠內，一口氣爬上奇峰山巔，山城的九月已有點涼意，但因攀登陡峭的山路，額上背脊已微微見汗，喘息未定，極目遠眺，又不禁為當前景物所及引，倦氣全消。

迎面高山綿亙，一座高峰——八角樓，聳入雲霄，說是迎面，實際直距何止三、四千公尺，但因其在群山之中最高，所以看得如在跟前。此時迎著初昇的旭日，灑射得滿山光輝燦爛，半山間一條瀑布，飛過一塊懸壁，就像是一隻金鉤，掛著一塊玉牌，週圍水珠如各色纓絡不停的閃耀，飛濺的珍珠，如晶、如瑪瑙、如琥珀、如碧玉，繽紛奪目，霞光萬道。那高峰景色，叫著「東嶺迎暉」，那懸壁上的瀑布叫「金鉤掛玉」，皆列入鳳凰八景之一。

站在山巔，環顧四週，除東麓及南北有丘陵延展，其餘各方都是峭壁到地，形成此山的孤傲獨立，奇妙挺拔，看不到嶙峋的怪石，遍山叢林翠竹、松柏槐欑，晨風拂來，松針竹葉俯仰翻滾，颯颯松濤，譜成森林交響曲，遠眺近觀，觸眼碧綠，嫵媚處如少婦含情，挺拔處如壯士昂立，實非挺、秀二字可以比擬。上山時的一點落寞情懷，早已隨著出岫白雲，恬澹飄逸得渾然忘我了，這時驀然從遠處傳來南華晨鐘，才一步一回首，念戀不捨的走下山來，到武候祠去膜拜前賢。

似樸而綺一相祠

武候祠周圍，幽篁翠柏，蒙天蔽日，雖無名山古剎之雄偉，卻也桂殿蘭宮，飛閣流丹。殿後供奉武候神像，綸巾羽扇，肅穆中又見飄逸瀟灑，一代賢相，南陽高士，本欲苟全性命於亂世，不求聞達於諸侯，卻為先帝昭烈三顧茅廬所感動，為報盛誼，隆中決策，弼輔蜀漢，鞠躬盡瘁，明君臣之分，報知遇之情，「漢賊不兩立，王業不偏安。」辨春秋大義，諸葛為第一人。若非關雲長不遵守「東和孫吳，北拒曹瞞」的戰略指導，也許自己不致敗走麥城，昭烈也不會失機猇亭。其丞相勳業將不止於「功蓋三分國」，而司馬德操「雖得其主，未得其時」之歎，也算多餘了。

正殿左廂一列三間亮軒，為遊人憩息之所，最宜夏日消暑，邀三五好友，列坐其次，煮一壺山泉，泡一壺毛尖香茗，淺斟細啜，或彈琴長嘯，或吟詩聯句，或閒話桑麻，或鬥葉子戲，雖南面王不易也。

十二、談「搨紙拓墨」畫家楊慧龍

楊慧龍，學名秀雲，湖南省鳳凰縣人，一九二三年出生于沱江鎮興隆街，家境小康，家風純厚，他自幼喜愛塗鴉，在模範小學時，很受美術老師胡立夫的讚賞，稱他與黃永玉、安國鵬、吳道敏為「四位小藝術家」。

後來在國立三中師範部就讀，成了美術老師周邦遠的得意門生。一九四四年楊慧龍三中畢業，便隻身赴戰時首都——重慶謀生，得入糧食儲運局工作。一九四五年，適江蘇正則藝專在渝招生，他考上了，一九四七年畢業，即赴安徽淮縣中學任教。一九四九年突接吳道敏由台灣去信，告以寶島四季如春，風景如畫，並附有彰化中學聘書一張，邀他來台任教。楊慧龍長于山城，求學于霧都，對海洋寶島早已心嚮往之，便一口答應，從此轉變了他一生命運。

傳統與創新

一九六一年，他轉任省立彰化高商職校任教，擔任該校廣告設計科主任，工作環境使他更能專注於繪事，發展創作抱負，並為他自己訂下一個創作標準；第一是古人的畫不畫，第二現代名家的畫不畫，第三傳統的技法不畫。所謂不畫，據他解釋，就是不模仿其章法和技法。

具有深厚國畫傳統的楊慧龍，加上美術設計的深入歷練，強調觀念和創意、造形和美感，從點、線、平衡、統一、肌理（texure）和多變等現代理論中融會出來，更豐饒了他的藝術內涵，也啟開其創作之門。他秉持宗教家（他篤信佛教，學名秀雲，佛名慧龍）的狂熱，義無反顧地朝自己理想直奔，邁向那座巍峨的峰巔——創作之路。（圖六）

談起創作，楊慧龍認為並非一件容易的事，他說：「談何容易！我記得初期頭兩年，嘔心瀝血，一不小心，不是陷入傳統，就掉進古人或當代名家的陷阱。我不是認為古人、名家不好，而是認為古人、名家非我，我要發現自己、肯定自己。」

菅芒花的悲情　1997　72.5×69.5cm

此圖感時之作，一片菅芒陳列在畫幅中央，背景襯以叢樹，屋舍，雜樹，遠方有山丘及流雲，均以灰綠的暗色著色，顯出悲情，下方一片空白題滿憂時文字，使其圖文並茂，為最大特色。（圖六）

他確是一位有個性而又能「外師造化，中得心源」的畫家，其實他對傳統並不排斥，他說出自己的看法：「至於傳統嘛！我希望它很自然地隱藏在我的筆墨中，讓人一眼看出是一脈相承的中國畫，但它卻具有現代人的思想與風格……」他不泥古，但骨髓裡卻潛動著承先啟後的使命感，令人敬佩。

他從事創作，深深體會到要達到某種高境界，捨創作之外，別無捷徑。他說學畫有三個過程，第一階段是臨摩，第二階段是習作，第三階段是創作，其中創作最難，所以有些人因資質不足，畫了一輩子的畫，到老也不過在習作而已。

強烈的創作意識

楊慧龍儒雅不喜多言，看起來頂斯文的，但他的思考力與創作力，卻似一匹無韁的野馬，馳騁在廣袤的原野上，永無止息。創作幾與生命相等，他認為創作層次有八個境界：一、求實。二、求放。三、求簡。四、求毛。五、求氣韻。六、求境界。七、求老辣。八、求古拙。這八個境界，有人窮一生的精力只不過做到一兩項，關鍵全看他的智慧與功力而定了。（圖七）

有一次他在台北開畫展，我邀了安國民去捧場，一位北一女的學生問他的畫是怎麼畫的？他毫不思考的回答：「你怎樣不問我創作的觀念是怎樣來的？」把發問人問楞住了，其實這才是正確答案，畫無創作，如人之無性靈，說穿了楊慧龍的畫也很簡單，它是融合傳統、西畫、設計、及強烈的現代思想，再加上對事物、生活的體驗而表達出來的一種獨特風貌。

創「塌紙拓墨」畫法

關於技法的運作，常涉及「毛」的境界，不少記者於畫展時問他什麼是「毛」？他曾作這樣的詮釋，「光」是「毛」的反面，舉例說，畫法正楷的筆墨是方正的、完整的，草書的筆墨是快速的、虛實的，但草書具有自然、奔放、虛實及豐富的內涵，是正楷望塵莫及的。繪畫的「毛」，就要採用草書的筆觸，所以我給繪畫的「毛」下了一個定義：「下筆快速，游走自如，內涵豐富」。古人說：「無法即法」，技法雖不重要，但能有自己的技法，總是好的，所以他曾花了三年

「塌紙拓墨」鳳凰籍畫家楊慧龍。（圖七）

的時間，終於創出「搨紙拓墨」的技法，開始建立了自己的風格。（圖八）

所謂「搨紙拓墨」畫，秀雲告訴我：「創作時先揉紙，視創作之需要，揉成一條紋狀，點紋狀，交義紋狀，或其他紋狀。然後以乾筆拓墨，再依勢造形，勾畫墨染而成。」

獲得「師鐸獎」殊榮

一九六三年因推行民族精神改革方案有功，當選全省優良教師，一九八四年訓練學生參加全國技能競賽成績良好，又因學生於一九八三年參加全省學生美展榮獲國畫組第一名，教學績效卓著，當選特殊優良教師，獲政府頒授「師鐸獎」。一九八七年因服務教育界滿四十年，獲資深優良教師獎。服務教育界應該有的榮譽他都擁有了。

一九八五年參加國際水墨畫展于東京美術館，一九八七年受歷史博物館之邀，參加中韓文化交流展於漢城，一九八八年韓中日國際展受邀，一九八八年為慶祝漢

三人遊　1997　63×63cm

（圖八）

城奧運，韓國文化振興會編印國際美術名鑑，受邀提供作品，他在國際畫壇上也逐漸顯露頭角，獲得肯定。不幸他因病於一九九八年謝世，時年七十六。

貳、抗日禦侮，我們從軍去

一、從「九一八」到「八一三」

當語言不能表達感情的時候，歌聲很自然便反映出時代的脈動。一九二八年，我從五、六歲開始唱：「打倒列強，打倒列強，誅軍閥，誅軍閥……」直唱到模範小學一年級，那時日本帝國主義侵佔東北，我們高吼著：

「事急了，事急了！
快把暴日來打倒，
日本是世仇，大家休忘了，
併台灣，進朝鮮，又把我東北佔……」

老師告訴我們，日本人太可惡了，侵佔我們土地，屠殺我們同胞。那時正是一九三一年九月十八日，日本關東軍攻擊瀋陽北大營，繼而佔領我東北三省。一九三二年，日本為轉移各國視線，又在一月廿八日，進攻上海閘北，我十九路軍奮起抵抗。一九三二年，日本繼續向華北進軍，佔領我熱河、冀東地區，極盡挑釁之能事。國民政府基於「先安內後讓外」的政策，且國力不足，未能宣示抗日決心。而東北部隊由張學良率領十二萬人，奉調西安擔任剿共任務，東北同胞也大批流亡到關內，高唱著哀怨而悲憤的「流亡三部曲」：

「九一八，九一八，
從那個悲慘的時候，脫離了我的家鄉，
拋棄了無盡的寶藏，流浪，流浪，
那年那月，才能回到我哪可愛的故鄉……」（松花江上）

還有一首愛國歌曲，是我在模小五年級學會唱的：

「萬里長城萬里長，
長城外面是故鄉，
沒齒難忘仇和恨，

日夜只想回故鄉，

大家拚命打回去，

那怕倭寇逞豪強。」（長城謠）

那時抗日情緒高漲，都市學生遊行，要求政府宣佈抗日，張學良於一九三六年十二月十二日，發動了震驚中外的「西安事變」，實行兵諫，扣留蔣介石委員長，要求停止內戰，一致抗日，經多方斡旋，由蔣夫人簽署一項文件，同意「容共抗日」，張始隨蔣同機飛京接受審判，後來被判終身監禁。來台灣尚在監禁中，晚年方釋出，后老死在美國夏威夷，享年一百零二歲。

西安事變後，日本見中國即將趨向穩定，遂於次年一九三七年七月七日，發動「蘆溝橋事變」，日軍以五個師團向我華北進攻，全國同胞義憤填膺，忍無可忍，國民政府見和平已到絕望時期，犧牲已到最後關頭，蔣介石委員長遂在廬山召集共黨代表協商，宣佈全國抗日，展開了八年的抗日聖戰，中華民族這隻睡獅終於怒吼了：

「起來，不願做奴隸的人們，

把我們的血肉，築成我們新的長城，
中華民族到了最危險的時候……」（義勇軍進行曲）

「抗戰的一天到了，
前面有東北的勇敢軍，
後面有全國的老百姓，
咱們中國軍隊勇敢前進，
看準哪鬼子，把它消滅，把它消滅，
殺，大刀向鬼子們的頭上砍去。」（大刀進行曲）

「聽吧！母親叫兒打東洋，
妻子送郎上戰場……」（在太行山上）

慷慨激昂的抗戰歌聲，像怒潮般的衝擊著全中國每一個角落，人不分男女老幼，地不分東南西北，幾乎處處可聞，人人會唱。那時我正隨縣裡成立的「青年抗日宣傳隊」下鄉，用歌聲、話劇、演講、大字壁報等宣導抗戰訊息，換起民眾，出錢出力，參加抗日聖戰。

全面抗戰開始了，烽火從蘆溝橋很快的燃燒到江南，八月十三日日寇進攻上海，軍事委員會將平、津劃為「北戰場」，上海劃為「東戰場」，稍後全國區分為一、二、三、四、五、八等六個戰區，東戰場屬第三戰區，戰鬥序列略誌如左：

第三戰區司令長官馮玉祥（后調六戰區，由顧祝同接替）

轄區：蘇南、皖南、及閩浙兩省。

兵力：第二十五集團軍陳儀：一〇〇軍陳琪、二十八師王繼祥。

第十集團軍劉建緒：二十八軍陶廣、九十一軍宣鐵吾、七十軍李覺、一二八師顧家齊。

第三十二集團軍上官雲相：第二十五軍王敬久、二十九軍陳安寶、六十七師莫與碩。

第二十三集團軍唐式遵：第二十一軍陳萬仞、五十軍郭勛祺。

日寇進犯上海的兵力，初由三個師團兩個旅團，由派遣軍松井石根司令官指揮，從寶山登陸後，再增援三個師團約十萬人，實施正面攻擊，十月初另以陸戰隊在金山衛登陸，南北夾擊上海。

國軍的佈署，是以六個集團軍擔任正面防禦，日寇登陸後攻勢猛烈，以飛機、大砲、坦克支援，十月七日突破我蘊藻濱之線陣地，我軍即轉進蘇洲河以北重作佈署，在閘北、大場、南翔一線構築防禦陣地，中央兵團由朱紹良率領第九集團軍（朱兼）第二十一集團軍廖磊，負責防守大場一線。右翼兵團由張發奎率領第八集團軍（張兼），第十集團軍劉建緒負責防守閘北一線。左翼兵團由陳誠率領第十五集團軍羅卓英，第十九集團軍薛負責防守南翔一線。打陣地戰是硬碰硬，須要實力，國軍武器裝備皆不如日軍，陣地作戰，傷亡慘重，每天要犧牲一個團兵力，經朱紹良建議改採游擊戰，又因地區不大，部隊無法隱蔽迴旋，此時蔣介石委員長已抵蘇州指揮，遂決定改採以建築物固守，遲滯敵人攻擊，並掩護大部隊轉進。

於是選擇了西藏北路四行倉庫（大陸、金城、中南、鹽業等四銀行）固守。由八十八師（孫元良部，該師曾參與一二八滬戰）二六二旅五二四團中校團附謝晉元（黃埔四期）率領一個營進入四行倉庫，時間是十月廿七日，距七七事變三個月零二十天，日寇揚言三個月亡華夢想，不攻自破，後來成為歷史上有名的「八百壯士死守四行倉庫」的英勇故事。

各集團軍主力，則安全的轉進到其他地區防守。這裡我要提出兩件可歌可泣的感人故事。一件是先賢熊希顯夫婦不顧個人安危，參加抗戰救護工作；一件是一等兵段玉清支身殺敵的英勇事蹟。

二、熊希齡與段玉清的抗日故事

熊希齡，湖南鳳凰人，翰林出身，當過民國初年的內閣總理，因不滿袁世凱帝王思想，憤而辭職，在北平香山創辦慈幼院，收養難童四千餘人，是一位教育家，社會慈善家，更是位愛國者。

段玉清，湖南鳳凰人，陸軍一二八師的小兵。一個是位極人臣，一個是基層戰士，兩位身份地位天壤之別。可是他們的愛國情操，和生命價值，同樣的光耀千秋。

先說熊希齡，他與夫人毛彥文正在青島籌辦嬰兒園，逢七七事變，不能回北平，只有先回上海，不數日八一三滬戰爆發，正是他們報國的機會，他脫下長袍，捲起衣袖，率領世界卍字會會員五百多人，擔任戰地救護、救濟工作。在蘇州河以南地區，以西藏南北路為中心，設立臨時傷兵醫院四所，難民收容所八處，戰爭爆發後一星期，便收容難民六萬餘人，救護傷兵四百餘人。（根據熊氏一九三七年八月二十日家書資料）熊氏則整天在流彈橫飛中奔走于傷兵醫院與難民所之間，稍有閑暇，便撰文建議抗戰良策，日夜辛勞，每天睡不到四個小時。

夫人毛彥文女士，浙江江山人，（在台逝世，享年一〇三歲）她把自己的家變成工廠，找了三十多位女工來縫製絲棉背心，送往前線給士兵禦寒。吃的方面，她研發一種叫「光餅」的食物，如饅頭般大小，用麵粉加糖製成，中間留一小洞，烘烤後硬硬的，可用線串連起來，掛在頭上，六個一串，送往前線供戰士食用，真是最適用作戰的好點子。

滬戰在蘇州河北地區進行，租界地區在河南，日夜都聽到槍砲聲、爆炸聲，和流彈傷人事件，終日不絕於耳，日機不斷掠空而過，戰鬥非常激烈，十月二十五日大場失守，熊希齡痛哭失聲，憂國之情，令人心酸。十二月十四日首都南京失守，熊氏夫婦即乘法輪赴港，擬轉長沙主持香山慈幼院開辦事宜。詎料於廿五日晨六時，熊氏因憂勞過度致腦溢血病逝香江，享年六十八歲。

他在大陸最後寫了一封信給他女兒，告知戰地心情：「余以老病之軀，又無官守之責，本可往就安全之地，但以國家存亡匹夫有責，余雖老亦應盡國民一份子義務。故決計與嫣在此辦救濟也。兒等當為國盡忠，以慰老懷……」這封信是毛彥文教授親自交給我的，說這是秉三公最後遺墨，反映抗戰血史，盼望好好保存。我把它裱褙起來，懸於客廳，輒讀教忠教孝之句，對鄉賢襟懷，莫不肅然起敬。（圖九）

再說段玉清支身殺敵的故事，原來這件光榮事蹟，是由一首詩歌而引發出來的，當時馮玉祥擔任第三戰區司令長官，他平時喜歡寫些詩文，編印一本「馮玉祥詩歌選集」，由新華社出版，其中有一首七言：

「一等兵叫段雲清，埋伏河岸察敵情，
我軍到處多義士，雲清可稱大英雄。」

這首沒有排律的打油詩，是讚揚陸軍一二八師一位勇敢的戰士，他的事實經過是這樣的：「段「玉」清，不是段雲清，湖南鳳凰人，住在沱江鎮南門外滕子坪的一個山窪裡，父早喪，自幼頑皮異常，十三、四歲就會拿頂（倒立）倒梯（後翻筋斗）翻槓子，還在石師父哪兒學會國術，雖然面貌黝黑，身材矮小，卻是臂力過人，機伶活潑，一九二九年，陳渠珍為了擴軍，在鳳凰辦軍事教育團，段玉清便去應攷，但因只讀過一年多私塾，筆試沒有通過，後來只好隨同幾個落第的玩伴，去報名當兵。

一九三四年，陳部奉命縮編為新三十四師；由顧家齊率領，七七抗日戰爭爆發，新三十四師改編為陸軍第一二八師，編入劉建緒集團軍的七十軍戰鬥序列，參加抗日第一個會戰——淞滬會戰，轉戰於松山、嘉善、嘉興一帶；防守嘉善時，與日寇爭奪一個據點，滕傳道連長率官兵兩次衝鋒肉博，全連官兵犧牲迨盡，後續部隊始將據點奪回。這一戰役損失頗重，乃奉命擔任錢塘江之富春江段江防任務，一面從事整補。

錢塘江經杭州灣入海，故常有敵艇出沒，江防部隊都派出便衣斥堠，或化裝漁民乘舢板沿江巡邏。一天，段玉清隨著一組斥堠乘舢板巡邏時，忽見四艘敵艇，明目張膽的呼嘯而來，兩艘駛向對岸，兩艘向一二八師的防區駛來。段玉清等見狀，迅速的把舢板划停在一個較隱蔽的岸邊，一面發出信號。誰知一艘敵艇也駛向那岸邊，一個日本鬼子兵用望遠鏡到處張望搜索，好一個段玉清奮力一躍，跳上敵艇，一掌把那鬼子兵擊倒，即上前奪取鬼子兵所佩手槍，那鬼子兵也非弱者，挺身而起雙手去扭段玉

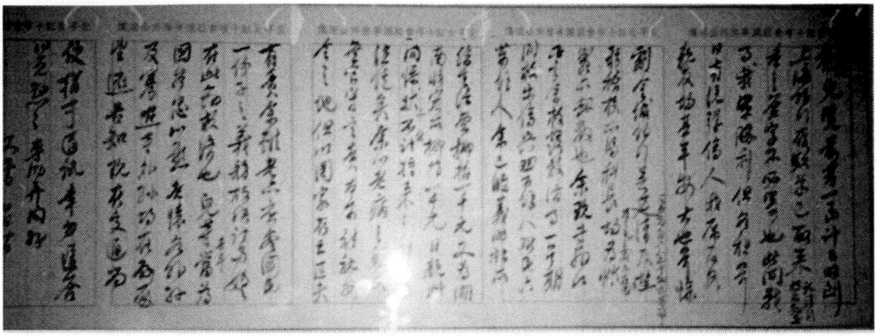

這是熊希齡逝世前，寫給女兒熊芷最後的一封信，
毛彥文教授親手交給我的，囑妥慎保存。（圖九）

清的臂膀，兩人就搏鬥起來。

這時另一鬼子兵舉起步槍，用刺刀刺向段玉清，好一個段玉清，抓住那兵迎向刺刀，同時飛起一腳，鮮血噴起，日本刺刀刺入日本兵的身上，兩個鬼子兵都落入江中。此時，艙內三個鬼子兵已湧了出來，段玉清取下手榴彈，拔去拉火索，澎的一聲，血肉橫飛。段玉清已一躍下船，向岸上飛奔而去。

這時出擊伏兵槍聲四起，岸砲也向日艇猛射，三艘敵艇乃倉惶而逃。這場戰鬥傳偏了劉集團軍，人人交口稱譽，並由部隊向上請勛。馮玉祥獲知其事，作了那首打油詩以記其功，只是勛章還沒頒下，段玉清在富陽之役戰死沙場，為國捐軀了，時年三十二歲，「君不見五箪男兒志氣貫長虹」，壯哉段玉清，你的英勇殺敵史蹟，將永遠存活在我們心中，世世代代傳承下去。

三、國共二次合作，展開全面抗戰

中國共產黨成立於一九二一年，一九二四年一月，中國國民黨召開第一次全代會，通過孫中山先生聯俄容政策，允許共產黨以個人身份加入國民黨，共黨李大釗、譚平山當選中常委、毛澤東、林祖涵、瞿秋白、張國燾等七人，當選候補委員。當年六月十六日成立黃埔軍校，蔣介石為校長，廖仲凱為黨代表，何應欽為總教官，共黨周恩來為政治部主任，葉劍英為教授部副主任，聶榮臻、惲代英為政治教官，共黨先後派去黃埔受的學生有林彪、徐向前、劉志丹等四百多人，後來又在西安創辦西北黃埔軍校，史可軒任校長，鄧小平任政治部主任，以培養軍事幹部。一九二五年第一次東征，消滅陳烱明，第二次東征淡水、棉湖皆捷，當時黨軍的政治部主任就是周恩來。這是國共第一次合作的概要。

一九二六年三月，兩廣統一，蔣介石揮軍誓師北伐，八月三十日攻佔汀泗橋，九月七日攻下武漢。一九二七年三月攻克京滬，在南京成立國民政府，由胡漢民主持。此時，武漢也出現一個國民政府，由汪精衛負責，實際由共黨把持，雙方指責其合法性，國共內鬥已表面化。這就是歷史上的「寧漢分裂」。

中國共產黨自一九二四年加入國民黨後，至一九二六年底，三年中發展極為迅速，共產黨是借用國民黨的招牌與支持來壯大自己，尤其是軍隊中，他們已經取得軍隊指揮權，譬如國民革命軍第四集團軍（總司令張發奎）擴編後所屬的廿四師（師長葉挺）二十軍（軍長賀龍）第三軍教導團（朱德）第四軍教導團（葉劍英）都是滲入國軍中由中共掌握領導的軍隊。國民黨中央警覺到如此合作下去，不但對北伐極為不利，終有一天會被共產黨吃掉。於是決定在一九二七年四月十二日開始清黨，在各地捕殺共黨人士，從此共產黨遂轉入地下活動，並運用指揮原來國民黨軍隊在各地暴動，如毛澤東利用武漢國民政府警衛團，在湖南發起秋收暴動，清算土豪劣紳。葉劍英率領教導團在廣州暴動，而較大的一次是朱德、陳毅率領的教導團，於八月一日在南昌暴動，但均被國民革命軍鎮壓下來。城市暴動失敗後，他們率部轉入湖南與毛澤東會合，奔向江西井崗山建立基地，後來擴展到贛南，建立蘇區政府，並定八月一日為其建軍節。

回頭再說國民黨清黨後，國民革命軍繼續北進，掃除軍閥，由蔣介石率領，兵分三路，左翼軍六月佔領鄭州、洛陽、右翼軍于一九二八年四月攻入山東濟南，此時，日本帝國主義派一個師團在青島登陸，五月三日向革命軍開火，企圖阻撓北伐，並殺害我外交官蔡公時，極盡挑釁之能事，五月六日，革命軍退出濟南，撓道繼續北伐，十二月張學良在東北易幟，歸順中央，北伐完成，全國統一。

國民黨北伐成功，全國統一，但日本帝國主義侵華野心暴露，共產黨又在贛南日益坐大，遂推行「攘外必先安內」的政策，於一九三一年一月，對江西共黨發動第一次圍剿，未能成功，一連發動二、三、四次均告失敗，到一九三三年，蔣介石調集五十萬大軍，親自指揮，吸取四次失敗教訓，在戰略上採取持久戰和「堡壘政策」，終將共軍由贛南中央蘇區趕出來，向北方逃竄，（共軍稱為二萬五千里長征）歷時兩年，到達陝北延安時，只剩下不到兩萬人。一九三六年五月，蔣介石調集十六個師二十萬人，準備向陝北共軍發動新圍剿，不料十二月十二日，張學良突然發動「西安事變」，兵諫蔣介石要先攘外後安內，圍剿行動因而停止。到一九三七年七月，中國全國抗戰開始，國共兩黨基於中華民族最高利益，七月十五日由共產黨周恩來向國民政府提出「國共合作宣言」，表示願意撤消蘇維埃政府，認同孫中山先生的三民主義共同抗日救國，八月廿二日，蔣介石同意合作，於廿五日將共軍主力部隊，改編為國民革命軍第十八集團軍，朱德為總指揮，彭德懷為副指揮，參謀長葉劍英，政治部主任任弼時，副主任鄧小平，下轄第一一五師，師長林彪，副師長聶榮臻。第一二〇師，師長賀龍、副師長蕭克，第一二九師，師長劉伯承，副師長徐向前，三個師共四萬三千人，由國民政府供給餉糧，編入第二戰區戰鬥序列，受閻錫山監督，進入華北對日抗戰，並在敵後建立游擊根據地。另在西安、重慶、桂林、長沙、蘭州等地設立辦事處，負責前後方連繫工作。

一九三七年十月，國民政府軍委會又將原在中國南方八個省的共軍和游擊隊，收編為國民革命軍陸軍新編第四軍，軍長葉挺，副軍長項英，下轄四個支隊，第一支隊司令陳毅，第二支隊司令張鼎丞，第三支隊司令張雲逸，第四支隊司令高敬亭，全軍共一萬三千人。一九三八年四月，新四軍將四個支隊集中在皖南、皖西整訓完畢，編入第三戰區戰鬥序列，受顧祝同監督，開入敵後，在大江南北展開游擊戰，這是國共第二次合作的情形。

抗日戰爭從一九三七年起到一九四五年日本投降，先後八年，其中發生過多少戰役，戰區蔓延多大？死傷多少軍民同胞？茲事體大，我非史學工作者，也非撰寫抗戰史，所以祇能就其縈縈大端，概要敘述，先將各戰區分佈狀況及作戰部隊戰鬥序列，臚列如下，讀者便知作戰地區蔓延之大，已到達印、緬地區，參戰部隊之多，已傾全國之力，可謂中華民族史上所罕見。

◆第一戰區：司令官胡宗南（陝西地區）

兵力：第廿八集團軍李仙洲：轄八十九軍顧錫九（三個師）

第三十一集團軍王仲廉：轄八十五軍吳紹周、七十八軍賴汝雄、廿七軍謝輔三、十五軍武庭麟

第三十四集團軍李文：轄一軍羅列、十六軍李正先、九十軍嚴明

第三十七集團軍丁德隆：轄三十六軍李世龍、八十軍袁樸、新七軍吉章簡

第三十八集團軍董釗：轄第三軍羅歷戎、第三軍賀光謙

直屬及特種部隊：

第十七軍高桂滋、四十軍馬法五、暫五軍李繼章、砲兵十一團羅直雲、工兵三團許開章、憲兵十四團趙瓚

◆第二戰區：司令官閻錫山（山西、河南地區）

兵力：第六集團軍楊愛源：轄十九軍史澤波、廿三軍許鴻林

第七集團軍趙承綬：轄三十三軍于鎮河、三十四軍高倬之

第八集團軍孫林之：轄四十三軍劉效曾、六十一軍梁培璜

第十三集團軍王清國：轄八十三軍孫福麟、騎兵一軍沈瑞

第十八集團軍朱德：轄一一五師林彪、一二〇師賀龍、一二九師劉伯承（共軍改編）

直屬及特種部隊：砲兵二十三團侯殿成

◆第三戰區：司令官顧祝同（江蘇、浙江、福建地區）

兵力：第三十二集團軍李默庵：轄八十八軍劉嘉樹（兩個突擊總隊）

第二十五集團軍李覺：轄四十九軍王鐵漢、七十九軍夏霖茂

第二十三集團軍唐式遵：轄廿八軍陶柳、五十軍田鍾毅、二十一軍劉兩卿

新編第四軍葉挺、項英（共軍改編）

直屬及特種部隊：七十軍陳孔達、二十五軍黃百韜、工兵團顧貫雲、憲兵第八團方滌瑕、憲兵十五團張慕陶、憲兵廿三團沈萬千

◆第五戰區：司令官李宗仁（廣西地區）

兵力：第二集團軍劉汝明：轄五十五軍曹福林、六十八軍劉汝珍

第廿二集團軍孫震：轄四十五軍陳鼎勛、四十七軍李宗昉

直屬及特種部隊：四十一軍曾魁元、砲兵十六團、憲兵十七團劉家康

◆第六戰區：司令官孫連仲（湖北地區）

兵力：第十集團軍王敬之：轄六十六軍宋瑞琦、九十二軍侯鏡如

第廿六集團軍宋肯堂：轄卅二軍唐永良

第三十三集團軍馮治安：轄五十軍劉振三、七十七軍何基灃、三十七師吉星文

直屬及特種部隊：長江上游江防總司令吳奇偉、海軍二艦隊曾以鼎、卅九軍劉尚志、三十軍魯崇義、九軍傅立平、八十六軍朱鼎卿、砲兵八團張心穀、工兵六團黃德馨

◆第七戰區：司令官余漢謀（廣東、海南島地區）

兵力：第十二集團軍：（余兼）轄六十三年張瑞貴、六十五軍黃國樑、第九獨立張陳師、第二十獨立旅蔣武

直屬及特種部隊：閩、粵、贛邊區總司令香翰屏、瓊崖守備司令王毅、工兵十一團中承基、憲兵十六團周致祥

◆第八戰區：司令官朱紹良、傅作義（副）（甘、寧、青地區）

兵力：晉陝綏邊區總司令鄧寶珊、廿二軍高雙成、六七軍何文鼎、東北挺進軍馬占三、晉陝綏邊區挺進軍張礪生、騎五師、騎六師、砲兵廿五團劉振蘅廿五軍董其武、暫三軍孫蘭峰、騎四軍袁慶榮（以上屬傅副長官指揮）

第十七集團軍馬鴻奎：轄十一軍馬致靜、八十一軍馬鴻賓

第三集團軍李鐵軍：轄四十二軍楊德亮、新二軍（李兼）

第四十集團軍馬步芳：轄騎兵第五軍馬呈祥、八十二軍馬繼援

直屬及特種部隊：騎兵三個師、憲兵廿二團曹淑希

◆第九戰區：司令官薛岳（湖南、江西地區）

兵力：第一集團軍孫渡：轄五十八軍魯道源、新三軍楊宏光、三十

第三十集團軍王陵基：轄七十二軍傅義、暫五師田君健

直屬及特種部隊：第四軍歐震、九十九軍梁漢明、暫二軍沈發藻、工兵兩個團

◆第十戰區：司令官李品仙（冀、察地區）

兵力：第二十一集團軍（李兼）：轄第七軍徐啟明、四十八軍蘇祖馨、八十四軍張光瑋

第十五集團軍何柱國：轄騎二軍廖運澤、五十一軍周毓英、騎八師馬步康

第十九集團軍陳大慶：轄暫一軍王毓文、十二軍霍守義

山東　進軍李延年：轄十二、三十六兩個師

◆中國駐印軍：總指揮史迪威（美）副總指揮鄭洞國（印東及緬北地區）

兵力：新一軍孫立人：轄三十八師、三十師

新六軍廖耀湘：轄廿二師、十四師、五十師

直屬及特種部隊：砲兵四、五、十二團、工兵十、十二團、戰車六個營（指揮官博朗上校、第一營趙振宇）憲兵獨立第二營馬本修、獨立第三營高瘦影、美軍混合突擊隊（黑路准將）

四、從鳳凰到戰時陪都——重慶

「母親叫兒打東洋，妻子送郎上戰場。」在太行山上，在洞庭湖旁，在西南廣袤的大後方，全中國正風起雲湧地掀起從軍狂潮的時候，鳳凰愛國保鄉的精神，也決不後人。由一批小小少年兵打頭陣，成群結隊自動自發去從軍報國，這份勇氣和榮耀，承傳了筸軍，媲美了一二八師，祖國母親是永遠不會忘記他們的。

國難日急，抗戰進入第三個年頭，日寇佔領了武漢，國土淪亡大半，我們集體從軍開了鳳凰青少年從軍的先河，爾後一批一批出征加入抗戰神聖行列，多少優秀青年，埋骨沙場，作了無名英雄。承傳筸軍精神的一二八師，由顧家齊率領，在浙江嘉善之役，掩護國軍轉進，犧牲了兩千八百多位子弟，他們匆匆離去，沒有向母親告別便作了烈士，但他們卻用鮮血白骨，孕育了中華大地的蓬勃生機，繁榮昌盛。

哪是一九三九年十月，我們共有三十九位同學集體從軍，有模小的，有文光的，有由外縣回來的中學生，隱約記得他們的名字是：陳運鈞、侯應魁、周子文、邢國祥、向俊文、楊勝勳、傅官保、楊昌松、侯安楨、曾憲文、嚴兆榮和我，其餘的名字已不復記憶了，我們高高興興豪氣干雲的由白羊嶺整隊出發，進入新西門，穿過正街出東門，歡送的老師和同學敲打著鑼鼓，放著鞭炮，萬般不捨的跟隨著我們，那份悲壯氣氛，有如易水之別，使我們感動得血在燃燒，心在狂跳：「向前走，別退後，生死已到最後關頭，同胞被屠殺，土地被強佔，我們再也不能忍受，我們再也不能忍受……。」我們昂首闊步高唱戰歌向前走去，就這樣義無反顧的離開了可愛的家鄉。

過了十羊哨，向南走了約三個小時，到了辰河的一個碼頭——高村。辰河是沅水的一個支流，高村上游叫錦江，下游到沅陵這段才叫辰河，江面很寬，水流不急，像平潭一樣。我們分乘兩艘蓬船，在招考委員彭維新中尉一聲令下，蓬船起航向下游馳去。

船順流在平潭上滑行，很平穩。我獨自坐在船舷邊，凝視兩岸游移的風景，白鷺鶯在江上飛翔，一片薄霧慢慢自江上浮起，蒼翠無言的青山，像隔著一層薄紗向後移動，看來十分嫵媚動人。沈從文先生說過：「美麗總是愁人的。」的確，美麗與哀愁，是相互依存的，自忖離鄉別親，奔赴天涯，像看江面薄霧，前途一片茫茫，「問君能有幾多愁，恰似一江春水向東流。」我的愁為甚麼不向東流呢？我從小學起便喜愛文學，常讀沈從文的作品，「從文自傳」更使我著迷。把沈老視為心靈中的神，生命學習的典範，記得他第一次出來當兵，不也是走這條路，在高村上船嗎？那時他才十四歲，我今年十七歲，他隨地方部隊出來剿匪，我們從軍是打國仗，打反侵略戰爭。這樣看來，我們處境比他強多了，「有為者，應若是，」有甚麼值得發愁呢？想著想著，突被一陣搖櫓的船歌打斷沉思，抬頭但見白雲向後飄飛，天高氣朗，心情頓時快樂起來。

日暮前，兩艘蓬船停泊在辰溪碼頭。第二天一早轉乘汽車，下午便到了目的地——芷江上坪。

我們在此基地，接受八個月嚴格軍事訓練，從各個基本教練，到班排教練，從基本射擊動作到實彈射擊，從各兵戰鬥教練到班攻防，築城等教練，另外有器械操和技術訓練，如單雙槓、天橋木馬、擒拿摔角、劈刺等，清一色由憲校軍士隊十三期任教育班長，口令動作，全團統一，按典範令規定步驟嚴格實施，先把你打造成一個堅強的野戰兵。後三個月為專業課程，使你有能力執行軍（司）法警案任務。

生活方面，一個「苦」字形容，一早起床，五分鍾內務整好，全連集合完畢，跑步一華里外一條小河邊盥洗，天寒地凍時，小河結冰，先得用手把冰塊打碎才能舀水，手指凍得向葫蘿蔔。吃的是陳年糙米，十人一堆，一盆湯菜，不是黃豆芽就是白蘿蔔，湯上找不到三滴油珠，偶而在湯中挾到一粒炸乾的肥豬肉，黃黃的，一到口香氣四溢，如啖珍饈。整天都精神百倍。

八個月軍事教育，轉眼完成。開始配發機械，一律俄國步槍，比漢陽槍長，刺刀有三個血槽，尖端只有一公分的刃，只能刺、不能劈，全連有幾枝德國自來得廿發手槍，服勤時才佩帶。

裝備配發完畢，我們整團賦予「憲兵十九團」番號，開赴戰時陪都——重慶，擔任警備與防空任務。由上坪出發，行軍到貴陽，全程約五百公里，全副武裝，日夜兼程，中途休息時，一屁股坐下便起不來，累到那種程度，每遇夜間行軍，更是疲憊不堪，只有將頭靠在背包上，就這樣昏昏沉沉地睡著了，只感覺到前面「皮皮吧吧」很有節奏感的腳步聲，一個跟著一個在黑夜中含枚疾走。

十天後，全團到達貴陽，稍加整備，即化整為零，以班為單位，搭公路便車到達重慶，我們第三營分駐市內較場口、都郵街一帶，擔任防空疏導與治安維護，這是重慶金融中心，商業與人口最密集的地方。此時日寇已佔領武漢，為達速戰速決目的，遂以漢口機場為基地，開始轟炸重慶，企圖摧毀我抗戰意志。

重慶古為渝州，故簡稱渝，在長江與嘉陵江交匯之處。兩江把它夾撓成一個半島，頂端是朝天門。在一百八十多平方里的面積中，除江邊少數土地外，幾乎大部份都是岩石，石質堅硬，國民政府遷渝後，從一九三八開始，便在市區內開鑿防空壕洞及防空大隧道，至一九四一年即完成六百四十多個，可容納二十二萬三千多人，這些設施，在日機地毯式的大轟炸之下，發揮很大功效，保存了抗戰元氣。

一九四一年五月初，日空軍開始空襲重慶，實施「疲勞轟炸」，五月九日前後一週（根據我的日記所載）每天都有一百架次飛機，分批來襲，市區被炸得幾乎成為廢墟，（同鄉周子文就在服勤時被炸殉職）我們一星期幾乎都在防空洞裡以炒米糖開水果腹，苦不堪言。

重慶的防空警報，是在市區內高地或高建築物上，以「掛球」為信號，掛一個紅球為「預行警報」表示敵機已飛臨四川境界，市民要提高警覺，掛兩個紅球為「空襲警報」，表示敵機已過萬縣，將進入市區上空，市民盡快進入防空洞，兩個紅球同時降落為「緊急警報」，表示敵機已進入市區領空，準備下蛋了。敵機遠去，用綠色長球燈號為「解除警報」。

五、我親歷大燧道慘案

現在我將記下「重慶大燧道慘案」的經過，這是日軍空襲重慶造成的罪惡。一九四一年六月五日那天，日機出動三百多架次對重慶實施「疲勞轟炸」。當各處紅球升生時，我們即刻到達指定服勤位置，疏導市民到安全地區，並督導防護團打開防空洞，讓市民進入。兩個紅球升起時，市民全家大小都得進入防空洞躲避，而所有重要物品，如現金、契約、金銀珠寶等，都放入一個名「防空袋」的貼身小布袋裡，隨身攜帶。在市區較場口到石灰市街挖了一個最大的防空燧道，有兩個洞口出入，一個在較場口，一個在石灰市街的斜坡處，可容納萬人，當天第一、二批日機轟炸後離去，掛起綠球，表示解除警報，市民便紛紛出來在洞口呼吸新鮮空氣，不料第三批日機又從漢口起飛來襲，防空當局再升起「預備警報」，這時兩個洞口內深處的人群，仍源源不斷向外擁出，正當此時「緊急警報」升起，並已聞到不遠處有敵機隆隆聲，於是先出洞的人，紛紛拚命向內鑽，而在裡面的人又急於向外擠，

（圖十）一九四一年六月五日，日軍飛機空襲重慶，造成大隧道慘案，死亡九千九百多人，震驚中外。此圖是隧道中拖出的死屍。（資料來源：中國人的山河歲月。）

洞口兩邊又都坐滿了人，鑽進擠出，兩股龐大的人流，就人重人地把洞口堵死，較場口和石灰市兩個洞口都是同樣情形，造成進不能進，出不能出。加上通風設備不良，於是除了少數在洞口附近的人得以幸免外，其餘近萬人都在洞內相互擠壓踐踏窒息而死，拖至洞外時，衣褲被撕裂，皮膚又髒而黑，面目全非，死狀極慘。據統計罹難者九千九百餘人，兒童一千一百餘人，傷者五百餘人。這一震驚中外的重慶大燧道窒息案，是抗戰時期後方最大的不幸事件。是我親見日軍屠殺我無辜同胞的罪惡行為，內心悲憤不已，堅定我日後自動請纓上前線的決心。（圖十）

防空司令部雇用一批民工，通宵達旦將屍體抬出，置於朝天門外，因天熱屍體發臭，將石灰灑在屍體上，再裹以草蓆待運，堆積如山，慘不忍覩。而較場口附近幾條街商店，多是全家罹難，十室九空，有親人收屍的，則將棺木擺在門前，整條街一排一排的陳列著，慘絕人寰．蔚為奇觀。當民工入洞搬運屍體，因亡者身上都有「防空袋」，內放有財物，恐為民工吞沒，於是上級要我們即刻到達現場監督清運，將財物集中呈報防空部處理。防空司令原由衛戍司令劉峙上將兼任，慘案發生後，改由憲兵司令賀國光上將兼任。

後來我們這個營調牛角坨國民政府擔任警衛，我已晉升中士，奉調營部警務軍士，每天固定寫一份「警務日報」，或到各連巡視一番，十分輕鬆，是自修學習的好機會，國府後面是曾家岩，有一求精高級中學，正開辦夜間補校，我便向營長劉襄漢（軍校八期湖南武岡人）報告，能否前往補習？想不到竟蒙准許，使我能順利完成高中課程，這份恩情，我一直銘感在心。一九四三年劉調憲校廿一期軍士大隊大隊長，結訓後又在江北鴛鴦橋成立教導團，後編為憲兵廿六團，劉任團長，開赴廣州服務。一九四七年六月，我在憲校學生隊十一期完成軍官養成教育，被分發廣州廿六團服務，任排長。不久奉命率兵一排，護送遣返日本僑民兩百多人到上海，趁此偷閒得赴西湖一遊。

六、從中國遠征軍到中國駐印軍

一九四一年十二月七日，日本偷襲珍珠港，太平洋戰爭爆發，英美對日宣戰，日軍十日在菲律賓登陸，七萬美、菲軍投降，麥克阿塞逃往澳洲，十二日佔領爪哇、蘇門答臘，進攻馬來西亞、新加坡，廿五日攻陷香港，不出一月橫掃東南亞，至此，我國沿海港口，全被封鎖，只靠仰光進口補給戰略物資。而在一九四二年二月，日軍已經以四個師團兵力入侵緬甸，直攻緬北，英緬軍節節敗退。

英國政府請求我國派兵入緬支援，於是軍委會於一九四一年八月成立了中國遠征軍，由陳誠出任司令長官，陳不就職，一度請辭，但蔣委員長堅欲陳誠領軍，遠征軍出發在即，蔣曾親函懇求上任，中有：「現在除向你三跪九扣首之外，再無其他禮節可以表示……」等委曲求全語氣，但陳仍堅持不去，蔣無奈，只有另派羅卓英為副，代理陳誠出征。遠征軍下轄三個軍，由最初入緬的第六軍（甘麗初）當時入緬的第五軍（杜聿明、參謀長羅友倫）及爾後增援的六十六軍，（張軫）各軍進入緬北後，由於盟軍不能配合，出師不利，第五軍二〇〇師師長戴安瀾，在同古被圍殉國，只有第六十六軍所屬第三十八師師長孫立人，在仁安羌解救被圍英軍而打了一場勝仗。曾獲英國皇家勳章。當時防守曼德勒的是六十六軍廿六師劉伯龍，防守臘戍的是第六軍五十五師陳勉吾，皆因日軍五十六師團，從右翼防線大迂迴到後方攻佔了臘戍，截斷遠征軍退路，守曼德勒的廿六師不得不向國內撤回，日軍四個師團則分兵兩路，一路追打六十六軍及第五、六軍部份撤退部隊，乘勝侵入滇西，強渡怒江，威脅昆明，後為增援部隊擊退，雙方隔江對峙。

日軍另一路則追打退入印度的國軍，當時剩下兩個師，即第五軍的廿二師廖耀湘，和六十六軍的三十八師孫立人，筆者曾訪問當年隨第五軍撤退到印度的憲兵連長余次丹先生，（現年九十二歲，憲校學生隊四期）據其口述：遠征軍配屬一個憲兵營，為憲兵二十團（魏志超）第二營（馬本修）三個軍每軍配屬一個連，第四連余連長隨第五軍軍長杜聿明及二十二師行動，第五連隨三十八師行動，第六連則隨軍退回滇西，奉命守惠通橋，並炸燬橋樑，阻敵渡江。

余連長隨杜聿明軍長及二十二師退入印度，到達野人山麓，所有機械化裝備，重砲、車輛等全部破壞，輕裝入山。只帶了些食用鹽粑和刀斧之類，一路逢山開路，遇水搭橋，披荊斬棘，翻越野人山，在原始森林中受盡艱苦危難，許多弟兄，因體力不支而死去。此時杜已染病，用擔架代步，經過月餘才到達印度，卅八師走英法爾入印，較早到達。

待兩個師先後到印度後，盟軍中國戰區統帥部依據同盟國「魁北克」戰略計劃，成立「中國駐印軍」，待機反攻緬甸，打通中印公路，當時戰鬥序列是這樣：

總指揮官由史迪威（美）將軍擔任。

副總指揮由新一軍軍長鄭洞國兼任。

下轄新編廿二師廖耀湘、新編卅八師孫立人。

直屬部隊有：砲兵兩個團，輜重兵一個團、工兵一個團、戰車兩個營（趙振宇）憲兵兩個營（獨二營馬本修、獨三營高瘦影）美軍G字團。

因編制兵力不足，源源由國內增調兵員，我於一九四三年八月，自動請調前往印度參戰，從重慶到昆明，經過一週集訓，即由美軍巨型運輸機自昆明起飛，越過瀾滄江、怒江，避過敵區，不經緬北而撓道世界屋脊的喜馬拉雅山，再折回印度東北部阿薩姆省的一個叫里多LEDO的小鎮降落。經過短期整備，於一九四三年十月，即隨軍進入野人山區，向日寇展開攻擊。

七、野人山寫實——在原始叢林中擊潰日寇

野人山位於印緬邊境，在雲南省騰衝縣西北方，綿亙縱橫約四百公里。海拔在八千公尺以上，全是崇山峻嶺，原始叢林，日光被層層疊疊的密林遮蔽得一絲也透不進來，天昏天暗的只見黑壓壓一片，令人產生一種恐怖的感覺。地上也沒有路，只有壘壘白骨可作我們前進的指路標，這是一九四二年，部份國軍和印緬難民撤退時飢病而死的遺骸，駐印軍就沿途踏著白骨向野人山攻擊前進。

盤據在胡康河谷的日軍第十八師團，早已在我軍進攻之先，派出許多小部隊，扼守幾個重要山頭。在叢林作戰，因受地形限制，空軍、戰車、砲兵都無法支援，駐印軍僅用一個團的兵力，憑仗著機關槍、手榴彈、火燄噴射器等武器，掃蕩了幾個山頭的日軍。

繼續向野人山區前進，中間僅有一條羊腸小道，蜿蜒於懸壁危崖之間，山頂有一關卡，即為歷史上有名的「鬼門關」。我們由山麓向山頂發動仰攻，一面作戰，

美軍開山機便跟在後築起路來，以利補給，路面坡度都在三十度左右，車輛輪胎要加鍊才能爬上，一不小心便翻落深谷，屍骨無存。有一位英國上尉說：「你們想從野人山打過去，還要修一條中印公路，我看你們不但修不成公路，恐怕連野人山也爬不過去啊！」在這種地形作戰，確是一項艱難的任務，然而人定勝天，駐印軍卻能不懼艱險，排除萬難，人人奮勇殺敵，終於將「鬼門關」一舉攻下。一九四三年底，部隊佔領了胡康河谷的前進基地——新平洋。

駐印軍越過野人山，即進入廣袤的胡康盆地，展開叢林地區作戰，胡康盆地縱橫者大龍、大奈、大宛、大比四條河，一到雨季，一片汪洋，寸步難行，日寇不支，紛向森林裡河澗裡敗退。

這一場激烈的殲滅戰，駐印軍在敵人火網中前仆後繼，死傷官兵兩百三十餘人，敵人死傷更大，總計有一千五百餘人，五十五聯隊聯隊長籐井小五郎大佐，和大隊長管尾少佐，均在此役中陣亡。

駐印軍這一仗，消滅了日寇一個聯隊。

第十八師團於戰況緊急之時，由孟關進駐瓦魯班成立前進指揮所指揮作戰。我軍於攻下干邦據點，乘戰勝餘威，由戰車部隊深入敵陣，迂迴到瓦魯班，人不知鬼不覺的來一個拂曉攻擊，敵人措手不及，從睡夢中倉惶驚醒，丟盔棄甲，狼狽逃逸，我步兵連夜趕上，佔領了瓦魯班。這一戰役，斃敵三百餘人，虜獲第十八師團軍旗及其關防武器等，大獲全勝。日寇則向孟關方向逃竄。

駐印軍自從克復于邦，殲滅了十八師團一個聯隊，乘勝襲擊瓦魯班，踏破日軍指揮部大獲全勝之後，從此掌握了緬北戰場的主控權，所向披靡，輕易拿下孟關，直趨緬北重鎮密支那。

密支那位於緬北平原，依洛瓦底江之畔，為緬北軍事重地，也是日寇必守之處，市區內外構築許多堅強的地下堡壘，以戰壕相連貫，以火網相支援，形成一個完整的防禦體系。

駐印軍翻越野人山，到達新平洋這一階段，因戰鬥正面不大，僅使用一個團的兵力，後來推進到胡康河谷，戰鬥正面擴大，才增援兵力，總計使用兩個步兵師

（新22D 38D）一個工兵團，一個戰車營，一個憲兵營，一個通信營，在駐印軍前進指揮所統一指揮下向緬北掃蕩，當時盟軍指揮官是史迪威將軍。

日寇在節節敗退之下，已成強弩之末，只有集中兵力死守密支那。我軍於攻下孟關之後，即刻火速向南挺進，到達離密支那三十公里處，先頭部隊改搭美軍直昇機，垂直攻擊密支那南部，佔領附近高地，以為策應，砲兵則以密集火網，先摧毀北郊堡壘，步戰協同快速投入戰鬥，利用火焰噴射器和戰車小砲平射攻堅，將日寇地下堡壘，一個一個摧毀掉。花了一個月時間，才將市內日寇全部殲殁，佔領了密支那。

可憐的日寇，在我軍強大火力制壓下，一個也跑不了，全都戰死在碉堡內。我們一個憲兵連，乘美軍小型飛機，與美軍MP最早到達密支那機場降落，擔任市區內清掃戰場任務，發現鬼子兵悶在碉堡裏不見天日，個個面色蒼白，每人頸子上掛了一塊天皇所賜的木牌，上書「御守」二字，並將進出口封閉，好在堡內等死，多殘酷的手段。他們身上佩著「千人針」和「神符」之類的法寶，以為藉此可以避禍消災，祈求平安。他們長官一再告誡：「皇軍是天下無敵的超人，中國軍人最野蠻，抓住就殺頭，殺了頭就不得昇天。」所以鬼子兵很少有投降的，寧戰死而不屈，可是日本軍閥這種麻醉性的欺騙技倆，在緬北的戰役中都被中國軍人揭穿了，千人針、神符都成了鬼子兵的「催命符」。

日寇在中國戰區長驅直入，燒殺淫虜，耀武揚威，無惡不作。可是在印緬戰場卻吃盡了中國軍人的苦頭，像一條喪家之狗一樣，挾著尾巴向南逃竄，大日本皇軍所謂「戰無不勝，攻無不克」的威風不知吹到那裡去了，真是可恨而又可憐。

當駐印軍揮師南下，攻佔八莫，繼續向雲南邊境反攻的時候，美國向日本本土長崎、廣島投下原子彈之後，日本天皇接受波茨坦宣言，突然向盟國正式宣佈無條件投降，時間是一九四五年（民國三十四年）八月十四日。筆者正軍次緬北密支那，時年二十一歲，軍階：中國陸軍憲兵上士班長。

現在回過頭來談談印緬森林中的所見所聞，濃密的原始森林，抬頭不見天日，不時傳來飛禽走獸的怪叫聲，十分刺耳，徒增陰森恐怖的感覺；一些不怕人的猴子，成天在枝幹上跳躍攀援，目中無人，有時順手牽羊把我們的食物搶跑，飛奔而去。入夜後虎嘯猿啼，怪聲怪氣，令人毛骨悚然。在印緬戰場作戰，一面要嚴防鬼子兵的偷襲，一面還要與大自然的一切搏鬥，最使人心驚膽顫、防不勝防的倒不是鬼子兵，也不是豺狼虎豹，而是三種最難纏的東西，第一是螞蝗，第二是虐蚊，第三便是蟒蛇。

吸血的旱螞蝗，長得又肥又大，（大如食指，約十公分長）因為叢林中瘴濕氣瀰漫，故草地上，樹枝上遍處都是，用餐時突然掉在飯碗裏，或落在身上，慢慢鑽進衣服裏吸人們的血，只要與肉體一沾上，很難打掉，愈拉鑽得愈深。也有被鑽進眼睛裏變成盲人的，又常見荒郊棄尸，三日後便成一堆白骨，這就是旱螞蝗的傑作。

其次是印緬的虐蚊，比中國的大一倍，一旦被叮上一口；第二天即罹患虐疾（醫學名稱MAIARIA）引發腦炎，十分危險，全身時冷時熱，抖顫不已，俗稱打擺子。此症現在台灣已經絕跡。不過駐印軍防蚊裝備齊全，每人都備有防蚊油，可以隨時塗用，夜間擔任警戒巡邏時，還有一種防蚊頭罩，戴在鋼盔上像小蚊帳一樣保護著頭項部，不使虐蚊侵入。

最令人可怕而又噁心的東西，就是來無影去無蹤的魔鬼門徒——印度巨蟒。我們剛到印度，即有人親見巨蟒吞食小牛同死的現象。筆者也曾親見碗口般大小的蛇，其行如箭，神出鬼沒，對人造成很大的威脅，一不小心，即有喪身之虞。所以我們紮營時，帳幕四週都挖有一公尺寬的水溝，將石灰灑在溝內，以防蟲、蛇侵入噬人。但當軍人外出時，一旦碰上，準是九死一生，因此常有無端失蹤的事件發生，當初我們以為是被鬼子兵幹掉，後來有人發現巨蟒，才揭開無端失蹤之謎。

有一次，某單位夜間警戒兵突然失蹤，接班哨兵四週找不到人，直到翌晨才派兵搜索，在距營區三百公尺的地方，赫然發現一條巨蟒，陳屍於叢林間，長約十公尺，褐色龜紋，直徑有水桶般大，真是嚇人。頭部留有彈痕，腰部前段有一處脹鼓鼓的，於是便從鼓起處剖腹察看，肚子裡果然是失蹤的弟兄，已血肉模糊，人槍俱在；另外還有一雙皮鞋、人骨、毛髮等殘留物，看來令人心悸。

原來蛇類噬人，先用毒液麻死獵物，或用纏勒窒息致死，然後慢慢吞食，也有利用氣流來吸取一些較小體積的獵物。我們推斷那警戒兵突然被巨蟒咬住，放出大量毒液，同時已被嚇昏，當巨蟒慢慢吞入肚內，警戒兵神志尚未完全喪失，甦醒後毒性尚未攻心，仍有扣板機射擊的本能，於是衝鋒機的連發彈，便從巨蟒腹中射出，擊中要害，人蛇兩亡。這種巨蟒噬人的新聞，傳遍了駐印軍。

第二次世界大戰因日本投降而結束。

駐印軍在蠻荒中擊敗日軍，順利打通中印公路，大功告成，完成這項偉大的歷史任務。筆者有幸參與遠征行列，親見日本皇軍的垂死慘敗，勝利返國，是我一生中的光榮。

中印公路自印度里都起，經密支那、八莫、畹町、保山到雲南昆明，全長共一千五百六十六公里，中間越過十三座六千六百呎以上的高峰，其斜度多在百分之二十五到百分之三十六間，所經之處，幾乎全是人煙稀少的原始林區，伐樹開路，遇水搭橋，築路工兵緊跟在戰鬥部隊之後，亦步亦趨，步兵剛把前面的敵人打走，工兵就即刻冒著流彈危險，趕緊動手開路，真是一寸道路一寸血。這條中印公路，可以說是中華男兒用生命和鮮血築成的。

通車之日，第一批由印度開往中國的汽車，一共一百零五輛，大部份是載運汽油、軍火等軍用物資，直達雲南昆明。

八、烽火兒女情

那是個腥風血雨的時代，多少家園化為焦土，多少同胞妻離子散、流亡哀號。抗戰八年，中華民族遭受空前災難，這段血淚史，雖然有半個多世紀，但我身歷其境，刻骨銘心，一切記憶猶新，這篇「烽火兒女情」，是筆者在漫天烽火遍地血腥中描述一段真實故事，寫出中華兒女的悲歡離合、俠骨柔情。

疲勞轟炸重慶

一九三七年（民廿六年）十一月國民政府內遷重慶，一九三九年初武漢棄守，日寇深入內陸，進展遲緩。為達速戰速決目的，遂以漢口機場為基地，開始轟炸重慶，以早日摧毀抗戰中樞，當年五月三、四兩日，先後出動飛機一百九十餘架次，日夜不停地對重慶作地毯式密集轟炸，投擲燒夷彈，燒燬民房一千二百餘棟，炸死市民四千四百餘人，企圖一舉摧毀我抗戰意志，但我全國軍民不但不為此種殘暴屠殺行為所攝，反而同仇敵愾，益堅抗敵精神，在瓦礫中迅速重建，這就是中華民族不屈不撓的「重慶精神」。

日寇見不得逞，又採取以小隊編組輪番轟炸方式，每日出動百餘架次，連續三、五日警報不能解除，甚至有多至一週者，這就是所謂的「疲勞轟炸」。

蜂火中邂逅佳人

一九四一年（民國三十年）筆者服務於重慶曾家岩憲兵隊，奉指派參加「抗戰歌詠隊」，每星期三、五赴上清寺中央廣播電台合唱抗戰歌曲（兩部合唱），透過慷慨激昂的戰歌，鼓舞民心士氣。如「槍，在我們肩膀，血，在我們胸膛……的「出發歌」，「大刀向鬼子們的頭上砍去……」的「大刀進行曲」，「向前走，別退後，生死已到最後關頭……」的「最後關頭」，以及「八百壯士」、「青年進行曲」、「熱血歌」等。像「長城謠」、「白雲故鄉」等稍具感情的歌，我們都練唱過，但不播出。

有一天傍晚，我們照例去唱歌。

「中華錦繡江山誰是主人翁？我們四萬萬同胞。強虜入寇逞兇暴……」我們正合唱韋瀚章所作的「抗敵歌」，突然「嗚」、「嗚」的空襲警報拉起來了。

歌沒唱完，不能跑警報，大家繼續唱：

「家可破，國須保——身可殺，志不撓。」唱到「身可殺」的時候，聲音特別高亢昂揚，熱血一陣沸騰，恨不得馬上奔赴前線，和鬼子們拚個你死我活。

離開廣播電台，急速向曾家岩奔去，緊急警報響了，仍向前急奔，快到上清寺口，忽聞一聲巨響，一陣狂風撲打臉頰，非常疼痛，路燈全滅，我就地臥倒，就在同時，迎面一輛三輪車滾下一個人來，車子飛奔而去，那人受傷落地不能動彈，我起身奮力將她半抱半拖的送到上清寺一家醫院地下室救治，留下地址姓名而去。

後來才知道這一天正是重慶發生大隧道窒息案的那天，窒息傷亡市民高達萬人，朝天門碼頭堆積待運下游安葬的屍體如小山，用蓆裹著，灑些石灰，以防天熱腐臭。此情此景令人慘不忍睹。日寇屠殺我無辜同胞的殘酷暴行，我將永世難忘。

十日後，接到一封寄自市內棗子南埡，具名「秀乃」的來信，自稱是被我救助的人，請我到她家餐敘一番，藉表答謝，務請光臨。字跡娟秀，語意懇切，於是我按址準時赴約。

那是一幢兩進的平房，庭院中花木扶疏，十分寧靜，客廳佈置典雅，一看便知是書香世家，「秀乃」是一位獨生女，十九歲，高中畢業後在一家公司服務，父親於三年前過世，現在與母親相依為命。還有一隻白花狗陪伴她們。

「秀乃」（註一）不僅人長得端莊清秀，初見時的印象，「疑似仙女謫人間」。她那手翰墨，別具一格，較為罕見；文學造詣亦高，詩詞歌賦，無不涉獵，真是一位世間奇女子。

赴印參戰、魚雁往還

一九四三年（民國三十二年）秋，抗戰進入艱苦階段，所有沿海港口均被日寇封鎖，於是統師部成立駐印軍，待機反攻緬甸，以開闢一條國際路線。筆者認為機不可失，遂自動請纓赴印參戰。

部隊由昆明乘美軍機飛越駝峰，在印東阿薩姆省一個叫里都LEDO的小鎮降落，經過短期訓練，即進入野人山區，向日寇展開攻擊。

在印緬原始森林中與日寇作戰，不但要隨時對付鬼子兵的襲擊，更可怕的是隨時有被毒蛇猛獸吞噬的可能，真是一場艱苦的多面作戰。每當稍事憩息，面對異國河山，感喟千萬，遂填「滿江紅」一闋，藉抒胸中情愫：

「關山飛越，跨蒼穹，遠降佛國，惦祖邦，寇騎縱橫，山河殘缺，昆陽湖畔灑熱淚，野人山上凝碧血，大丈夫事業在疆場，壯何烈。

興華夏，賴俊傑，失地恥，誓當雪，國際路重開，寇氛將折，玉門春風左公柳，漢首班超探虎穴，我入地獄為眾生，學如來。」

這首詞刊載於駐印軍軍報，我剪下報紙，寄給秀乃。在戰地這一年多，我與秀乃經常魚雁往還，相互砥勵。一個月後，她合了一首「滿江紅」：

「雲繞翠峰，楚歌起，何人憂國，恨離別，癡人多憾，月為誰缺，男兒志氣尚未酬，疆場又凝壯士血，銅駝背上瑟琶聲，凄何烈。

天涯地，逢豪傑，顧家園，滿庭雪，昔日操戈事（註二），寒光未澈，春風偏擾江東夢，殘英痛阻歸予穴，幾人曾仗伯牙琴，退敵來。」（註三）

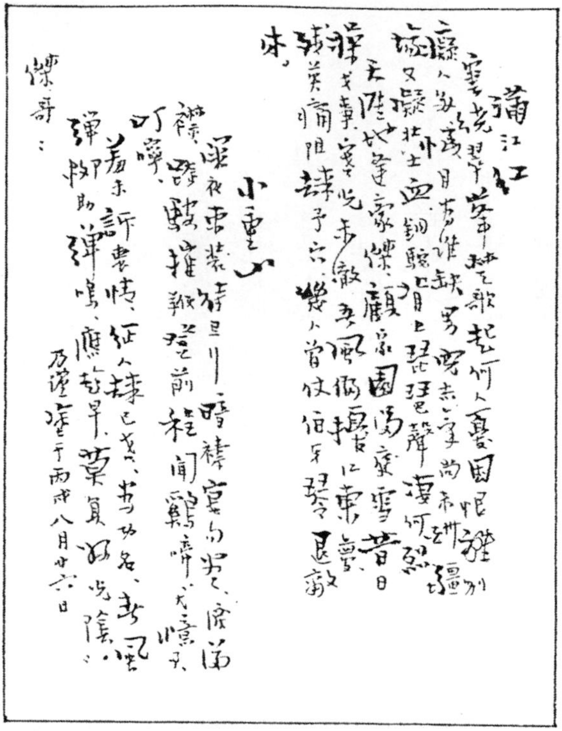

秀乃真跡，這張詞箋保存半個多世紀。（圖十一）

勝利返國，情誼日增

一九四五年（民國三十四年）八月十四日，日本天皇接受波茨坦宣言，正式宣佈無條件投降。筆者當時在緬甸密支那，晚八時許，突聞全市槍聲齊鳴，洩光彈滿天飛舞，蔚為奇觀。始知日本已向盟國投降，大家像著了魔一般的瘋狂，有的猛敲臉盆，有的喜極而泣，相擁歡呼，深慶祖國苦難遠去，從此多福。

九月底部隊由密支那返國，飛機在柳州降落，筆者被保送憲兵學校學生隊深造，接受兩年軍官養成教育。

學校在四川江北，與重慶一江之隔，舊地重遊，伊人如故，例假日總要過江去棗子南埡看秀乃，慢慢發現伯母對我多了些關懷，每次必弄幾樣可口的川菜留我進餐，主動叫秀乃陪我讀書習字，起初很不習慣，尤其那套灰藍色的舊棉軍服、穿在身上自感形穢，後來發現秀乃根本不在乎這些，在乎的是我這個人和品質內涵，這才定下心來與她砌磋詩文。李清照的詞是她的最愛，在五十來首詞名中由我指定任何一首，她全能朗朗上口，無一字遺漏。惟獨叫她背誦「醉春風」的詞兒時，她低頭不語，含羞帶怯地罵了一聲「討厭」。

她的書法，勁秀清媚，自創一格，令人喜愛。每當我臨摩她的字體時，她總是笑遂顏開，滿面春風地搶著為我備紙磨墨，意氣風發。

有紅袖添香，美人伴讀，我這一無所有的窮軍人竟能如此獲得美人青睞，不知是那世修來的福份。我曾暗自寫了一首「詠秀乃」的七言絕句，表達對她的愛慕之情：

翩若驚鴻貌不凡，凝似仙女謫人間，
醉墨飛香勝王柳，文采不亞李易安。

春夢留痕、此情綿綿

一九四六年（民國三十五年）八月，憲兵學校奉命還都南京，當這消息傳入秀乃家時，無異是晴天霹靂。一個週末傍晚時分，伯母將我拉入她房間，握著我的手，深情地對我說：「興傑，秀乃常說這輩子抱過她的只有兩個人，一個是我，一個就是您；看得出來，她嘴巴不說，心裡頭好喜歡您。」稍停片刻，她繼續說：「這也許就是您們的緣份吧！」

她兩眼注視著我的反應，然後更小聲地像說悄悄話：「您不要去南京，留下做下我的兒子好嗎？秀乃是您的，這個家全是您的呀！」

這致命的誘惑力，緊緊扣住我的心魄。自古英雄難過美人關，我非英雄，然而擺在面前的卻是一座令人炫目的醉人的情關，叫一個涉世未深的平凡小伙子，怎能不陷於迷惘呢！

該是我抉擇的時候了，人生榮辱禍福，往往取決於一念之間，需要大智慧大勇氣與命運之神作攤排，我自忖從軍報國，受國家栽培，焉能為一己之私而幡然離去，豈不有悖報國初衷。

大我與小我，感情與理性不斷在我腦際交織盤旋，徹夜未能安眠，直到東方發白，終於決定我生命中最痛苦也最理性的一次抉擇——去南京。

臨別前夕，秀乃填了首「小重山」給我：

「深夜束裝待旦行，暗禱筵勿散，淚滿襟，跨鞍摧鞭登前程，聞雞啼，尤憶君叮嚀。

羞未訴衷情，征人歸已遠，為功名，春風彈柳助蟬鳴，應趁早，莫負好光陰。」

學校還都之日，她母女倆過江到海棠溪為我送行，部隊行動不便交談，大家用目視傳情，沒有揮手示別；車隊緩緩向前開動，我回首發現秀乃仍在拭著眼淚。

如今事隔半個多世紀，秀乃寫給我那張詞箋，一直保存在身邊，完好如初。「但願人長在，千里共嬋娟」。我深深祝福彼岸的她們。

（註一）「秀乃」有名無姓，係基於隱私權的關係。

（註二）感嘆國共內戰。

（註三）附「秀乃真跡。」

叁、兄弟鬩牆——國共內戰全面爆發

一、從山東萊蕪戰役說起——田君健殉國

自一九四六年六月，美國調停國共衝突失敗以後，國共之間的戰爭即將全面爆發。一九四六年六月至一九四七年六月間，國軍對解放區進行攻擊，共軍以防守為主，部份解放區為國軍收復。一九四七年六月至一九四八年六月，共軍改採攻勢，部份國軍駐守的區域為共軍所佔，兩年之間，雙方駐守區域，均有得而復失，失而復得的情形，雙方戰力旗鼓相當。

一九四八年六月至一九四九年一月，共軍採取攻勢，先後進攻濟南、進攻遼瀋、進攻淮海、進攻平津，皆獲殲滅性的勝利，半年光景，國軍節節敗退，精銳盡失，原因何在？作者根據親友口述歷史及參考國共雙方多種文史資料，將幾次大戰役，作公平客觀的綜合概述。先從山東萊蕪戰役說起。

國共內戰，經過三大會戰，即瀋遼會戰，（東北會戰）平津會戰，淮海會戰，

（徐蚌會戰）國軍有生戰力，已被殲滅大半，精銳盡失，開始節節向南敗退。

其實在三大戰役未開打之前，有一個戰場，交戰時間最久，戰鬥次數最多，而對雙方成敗最具關鍵性的地方，就是山東。

從一九四六年初，國軍由青島登陸西進，濟南國軍東進，分進合擊打通了膠濟鐵路之後，國共在山東戰力不相伯仲，都採用「對進戰術」，就是你來我走，你走我來，形成拉鋸戰。在沂蒙山區之南有一個小市鎮叫蘭陵，因具戰略價值，雙方人馬殺進殺出有一次之多，弄得十室九空，地也成了焦土，古人說：「興，百姓苦；亡，百姓亦苦。」這種現象一直持續了兩年。

其中孟良崮戰役，國軍七十四師被圍，彈盡援絕，師長張靈甫自戕殉國，另一次是萊蕪戰役，七十七師師長田君健，也是被圍殲而壯烈戰死。兵團司令李仙洲中將被俘，三十六師師長曹振鐸逃回濟南，被王耀武拍桌大罵：「你們就是六萬頭豬，也不會在三天內被人家捉去。」不久蔣介石親赴濟南督戰，提到李仙洲損兵折將，氣得用手杖打了王耀武幾下，但仍無法轉敗為勝，挽救頹勢。

現在就我所知，將七十七師沿革及萊蕪戰役經過作一詳述，這些雖然是鄉友們口述的稗官野史，但皆屬實情真相，可供史家參考。

田君健，湖南鳳凰縣人，一九〇七年（民國前四年）二月二十一日生，十七歲畢業於湖南省立第二師範學校，後從軍於湘西鎮守使公署衛隊營，歷任連營長，抗日戰爭開始後升任團長，先後考入中央軍校軍官高等教育班第四期及陸軍大學特別班第三期深造。畢業後曾任國軍一二八師參謀處長，中央軍校二分校戰術教官、師參謀長。一九三九年（民國二十八年）任暫編第五師一旅旅長。一九四二年（民國卅一年）初該師改編為第七十三軍第七十七師，田君健升任副師長、師長等職。

他所率領的七十七師，在暫編第五師時期，自抗戰開始，一直都在第一線，尤其是武漢會戰衡陽會戰，長沙三次大捷，宜昌會戰，常德會戰都有輝煌的戰績。後來經過常德會戰，七十三軍損失慘重，乃作全面整備，七十七師後調補充，所有精銳，編為一個團，即二三一團，並充實師直屬部隊，團長以下幹部，均由田君健選定。當時有一位陳運武上校，鳳凰人，精明幹練，我在沅陵辰郡中學讀書時，親見他拉正面上，打大車輪，單槓一流，就是生性暴烈，喜歡打人。聽說陳被任命團長，大家都不願意去，田君健召集幹部訓話：「我知道陳團長帶人很嚴，但要知道不教而誅謂之虐，他打人是嚴而不苛，決不會無理打人。我所以把大家集在一起，乃是為我們箄軍保留一個根，由此開花結果。更希望大家今後要精誠團結，善待部隊。」果然從此以後陳運武不再打人了，陳團長在七十七師也起了核心作用。

一九四五年抗戰勝利，七十三軍奉命衛戍首都，七十七師戍守外圍，以浦口滁縣為基點，（沿津浦路）向北警戒。

一九四六年五月，七十三軍空運濟南，七十七師受命循膠濟鐵路向東攻擊。至八月底，歷城、章邱、長山、淄川全部收復，並與友軍會師在益都、濰縣之間，膠濟鐵路全面通車。

一九四七年二月，山東沂蒙山區共軍第三野戰軍陳毅部隊向北攻擊，國軍佈署是以歐震指揮的「隴東兵團」轄七個整編師，由台兒莊、郯城北上攻擊，李仙洲「南進兵團」，則以七十三軍、四十六軍另一個師、一個旅約六萬人，由淄川、博山南下，計劃在吐絲口、萊蕪、新泰一帶夾擊共軍。

七十七師奉命由博山進駐吐絲口，警戒兵團側背，時為二月十六日，據情報得悉，自二月七日至十五日，每夜均有共軍襲擊友軍部隊，向南滲透，估計南下部隊在八萬以上，如由博山前進，必然進入共軍口袋而遭伏擊，並建議改由王村明光前進，但此一情報與建議，均不為濟南綏署司令官所採信。因此師長田君健不得不在佈署上作慎密之策划，當時佈署是這樣的：

一、二三〇團第一營附第四連為先遣隊，於二月十八日六時由博山出發，佔領和莊兩側高地，向東西派出警戒，掩護師主力通過隘路後，改為後衛。

二、二三一團為前衛，於先遣支隊佔領陣地後，迅速通過和莊隘路搜索前進，並派出側衛。（陳運武已調副師長，由劉宗雄上校接團長，劉亦鳳凰人）。

三、二二九團及師直屬部隊為本隊，在前衛後跟進。

四、二三〇團為後衛……

五、師長在本隊先頭……

先遣支隊於十一時許佔領陣地完畢，並搜索和莊周圍五華里地區，未發現敵蹤。十二時許前衛開始通過隘路，十五時許前面隱槍槍聲，本隊先頭尚未到達和莊。因為部隊空運時，所有馬騾都留於浦口，各部隊僱用牛車載運輜重，加上軍團輜重四十多輛牛車在山隘中行進，十分緩慢，師長到和壯已經十七時了，乃將指揮所設於和莊，令二二九團繼續前進，一面以無線電向前衛連絡，惟呼叫不應，至廿一時，前面槍聲漸密，和莊兩側山頂已有敵人射擊，此時除了已佔領陣地的先遣部隊外，其餘部隊都聚集在和莊及附近窪地，無法前進，師長只好決定現地警戒，待拂曉攻擊前進。

此時共軍由各方集結七個縱隊（相等軍級）兵力，向七十七師合圍、拂曉時分，以人海戰術發動猛烈攻擊，前後三波，均被擊退，雙方均有傷亡，至中午攻勢漸弱，國軍傷亡慘重，只有抽調預備隊填補火線，戰鬥持續至黃昏，有人建議向博山撤退，田師長仍以任務為重，不予採納，不幸輜重於廿二時被共軍炮火擊中爆炸，火光沖天，現場一片混亂，勉強支持到拂曉，此時，預備隊亦傷亡殆盡，田師長只好率殘部十餘人突圍，不幸突圍中負傷，將軍為保持軍人氣節，見時機已至，乃舉槍自戕殉國，時為一九四七年二月二十日上午八時。成仁處名叫「將軍墳」，如此巧合，寧非天意。一九四八年一月被追贈為陸軍中將。

事後獲悉，前進部隊於通過和莊即被截為數段，各個擊破，勉強戰鬥至二十一日晨結束，全師有生戰力，悉被殲滅。兵團司令李仙洲及七十三軍軍長韓浚均被俘，三十六師師長曹振鐸帶少數人逃回濟南。

一九四八年九月十六日，共軍三野以十四萬人圍攻濟南，十八萬人在滕縣一帶阻擊徐州援軍，十九日守軍八十四師師長吳化文叛變，二十四日濟南淪陷，王耀武逃至壽光被俘，直到一九四九年六月，國軍撤出最後一個據點——青島，山東戰事才告終結。

二、東北會戰到淮海會戰

遼瀋會戰（東北會戰）

濟南戰役期間，遼瀋戰役已經開始，全部歷程由一九四八年九月十二日至十一月二日止，為時不到兩個月，會戰即告結束。數十萬裝備精良的國軍均告瓦解，令人不可思議。

在遼瀋會戰前夕，約兩年前，共軍即大量進入東北，由蘇聯協助接收日本關東軍大批裝備武器，及偽地方組織，東北大部份地區，百分之九十五土地，除交通線外，全為共軍控制。一九四六年四月廿四日，佔領哈爾濱，一九四七年六月十日佔領安東，到一九四八年七月，國軍祇佔領長春、瀋陽、錦州、四平街等幾個交通線上的城市，形成孤立。由衛立煌指揮約四十餘萬兵力據守。

共軍採戰略決戰，以絕對優勢兵力，南下北寧線，先攻佔錦州，將國軍隔絕在東北地區，然後各個擊破，為作戰指導方針。

一九四八年九月初，共軍東北四野，在林彪指揮下，將長春外圍及四平地區的共軍，南下集中在錦州及山海關間，先佔領鐵路沿線城市，十月初展開攻擊，十月十五日攻陷錦州，東北剿總副總司令范漢傑突圍遁走被俘。

共軍團攻錦州前，國軍已調十七兵團，由葫蘆島登陸增援錦州，另由瀋陽抽調廖耀湘兵團編成西進兵團牽制攻錦共軍，不料林彪率領五個縱隊一個砲縱及十六個步兵師，約二十五萬人，在迅速攻下錦州後，即揮師東進，將廖耀湘的西進兵團，圍殲于黑山、大虎山一帶，其中值得一提的是由孫立人指揮的新一軍及廖耀湘指揮的新六軍，全是美械裝備，剛由印度返國，即調東北作戰，號稱國軍「五大主力」的部隊，都在此役中被共軍殲滅，廖耀湘兵敗被俘，由葫蘆島增援錦州的十七兵團，也在此役中被擊潰。

錦州失陷後，國軍在東北只剩下長春，瀋陽兩大城市，（四平街經幾次爭奪戰，終告失陷）長春由東北剿總副總司令鄭洞國率領十五萬部隊防守，因久受圍困，士氣低落，十月十七日，由於六十軍軍長曾澤生投降，第七軍軍長李鴻也在部下脅迫下投降。最後鄭洞國見大勢已去，無力防守，亦率部隊投降。十月廿一日，長春遂告陷落。

瀋陽方面，自廖耀湘率西進兵團往援錦州後，城內兵力薄弱，長春失守，城內守軍更無鬥志。十一月一日共軍發動攻城，剿總衛立煌已飛往葫蘆島求援，僅由第八兵團司令兼五十三軍軍長周福成及青年軍二〇七師擔任城防，激戰不到廿四小時，十一月二日即被共軍攻陷，軍長周福成被俘，遼瀋會戰結束。

在遼瀋戰役前，共軍在東北地區有一百零三萬人，為國軍的一點八倍，遼瀋戰役後，共軍總人數上升為三百二十萬人，而國軍人數則下降為二百九十萬人，此後國共間的戰爭，國軍益趨於劣勢。

平津戰役

東北陷共後，共軍第四野戰軍林彪所屬十二個縱隊及一個砲縱，分別向三海關、喜峰口、冷峰口蜂擁急進，以便與華北人民解放軍聶榮臻會合，準備大舉進犯平、津。

一九四八年底，林彪進攻塘沽未得逞，乃轉移兵力，以六個縱隊進迫天津，一九四九年元月七日，開始圍攻天津，守軍雖處於劣勢，但戰志高昂，激戰七晝夜，雙方傷亡慘重。元月十四日共軍利用濃霧，再發動總攻，在戰車火砲掩護下，一部攻入城內將警備司令陳長捷俘獲，並脅迫下令停火，天津守軍有組織的抵抗，乃告瓦解。天津失守。

天津陷落時，北平已被包圍月餘，不但四郊為共軍所踞，且市區水電也被共軍所控制，但他們圍而不攻，早已在市內成立「華北人民和平促進會」，藉保護文物古蹟為由，高唱局部和平，華北剿總傅作義無視本身疆寄之重，優柔寡斷，終至接受林彪、聶榮臻的條件，屈辱停戰。遂於一九四九年元月三十一日，宣布華北地區實施「局部和平」，傅作義總部遷至北平西郊，共軍開入城，從此這一文化古都，乃兵不血刃，陷入共軍之手，而數十萬國軍，亦為中共改編使用。

一九四九午三月初，陝南洛川、宜川相繼失守，國軍二十九軍軍長劉戡戰死，共軍西北野戰軍（後改為第一野戰軍）彭德怀、徐向前率六十萬大軍，圍攻山西太原，六次攻擊未得逞，第七次發起總攻擊，太原守軍十四萬人大部殉職，山西代主席梁敦厚（省主席閻錫山已飛南京）見大勢已去，于四月二十四日十四時，率省府人員集體自殺，並引火自焚，成仁者五百餘人，死事極為壯烈，後稱：「五百完人」。太原隊陷，大同亦不守，華北整個淪入共軍之手。

淮海會戰（徐蚌會戰）

淮海會戰，國共雙方均集中近百萬大軍，做最後一次生死博鬥，與亡成敗在此一役。此次會戰開始和結束，均較平津戰役早三週，東北會戰失敗，國軍即決定在淮河一帶佈署戰略固守，將附近精鋭部隊，集中徐州、蚌埠間的津浦鐵路兩側與共軍決戰，當時兵力分佈情形如左：

第二兵團邱清泉，轄五個軍——駐商邱

第十六兵團孫元良，轄兩個軍——駐鄭州
第八兵團劉汝明，轄兩個軍——駐開封
第十二兵團黃維，轄兩個軍——駐豫南（原歸華中剿總指揮）
第十三兵團李彌，轄三個軍——駐碾莊
第七兵團黃百韜，轄五個軍——駐新安鎮（江蘇）
第六兵團李延年，轄四個軍——駐海州
第三綏靖區馮治安，轄四個軍——駐徐州

共二十九個軍，六十萬兵力，由徐州剿總劉峙上將統一指揮。

共軍方面，集中兩個野戰軍參加淮海會戰，計有陳毅率領的華東野戰軍（後改為第三野戰軍）轄有十六個縱隊，原駐魯南。劉伯承率領的中原野戰軍（後改為第二野戰軍）轄七個縱隊駐河南，加上各地區的地方團隊，總兵力七十萬人。毛澤東為求部隊運用靈活，以劉伯承、鄧小平、陳毅、粟裕、潭震林五人組成前敵指揮部

（鄧小平為總前委書記）統一指揮兩個野戰軍聯合作戰事宜。

雙方兵力比較，共軍兵力稍強，但國軍有空軍支援，有大砲戰車掩護，且部份為美式裝備，故整體來說，國軍仍佔優勢。

當隴海鐵路沿線國軍正待集中徐州時，共軍三野部隊於攻下濟南後，主力迅速轉移南下集結臨沂、郯城一帶，一九四八年十一月七日，向郯城發動攻擊，並策動第三綏署副司令何基灃、張克俠率部陣前叛變，（何某原為共產黨員）他們由棗莊南下，攻擊十二兵團的一部，當時徐州附近已集結三個兵團，邱清泉二兵團已到達徐州西西黃口、碭山一帶，孫元良十六兵團自鄭州東移，華中黃維十二兵團也從河南駐馬店進駐西南渦陽、蒙城一帶。此時，共軍第二野戰軍，已由豫西急速運動到達商兵以東地區，協同第三野戰軍作戰。國軍李延年兵團（四個軍）奉命由海州轉進到蚌埠，由黃百韜兵團，李彌兵團的一部，在隴海路以北，運河以東地區掩護六兵團撤退，因第三綏署副司令叛變，國軍命黃百韜七兵團緊急自運河以東渡河向徐州集中，該兵團於十一月九日，抵達徐州以東的碾莊，但十一日即被共軍包圍，同時共軍二野也開始向徐州以西黃石附近的邱清泉兵團進攻，邱兵團且戰且走，退至徐州，而孫元良十六兵團已達徐州西南的宿縣，劉汝明兵團亦已抵達宿縣東南的固鎮，十一月十一日，劉峙決定將邱兵團東調，協同李彌兵團解救黃百韜兵團之圍。但因邱孫攻擊力不強，始終無法接近碾莊戰場，致使黃百韜彈盡援絕，抵抗至十一月廿二日舉槍自殺，七兵團有生戰力遂被共軍殲殁。

蔣介石見劉峙指揮不力，於一九四八年十一月廿八日，將劉調往蚌埠，徐州會戰交由杜聿明統一指揮，三十日杜將邱清泉、李彌、孫元良三個兵團撤離徐州，向西轉進到豫東的永城，行軍途中，孫元良擅自率領四個師向豫東急進，中途被共軍二野殲殁，孫元良被俘。十二月四日，杜聿明率部行至青龍集，陳官莊一帶，即被共軍三野四面包圍，杜聿明令部隊南進，以解黃維兵團之圍，但邱、李兩兵團突圍失敗，黃維及副司令胡璉、參謀長吳紹周三人，各乘戰車分別衝出，黃維向北急馳，誤入敵陣被俘，吳紹周戰車陷入河溝被俘，胡璉靠辨識北斗星向南逃出。十二團遂被殲殁。

十二月廿四日中剿總白崇禧及湖南省主席程潛等電請蔣介石下野，淮海會戰益不可為，杜聿明及邱、李兵團在陳官莊一帶被圍四十餘天，時值寒冬，大雪紛飛，糧彈具缺，全靠南京空投大餅充饑，因人數眾多，效果不大，延至一九四九年一月十日，最後發動一次突圍，亦告失敗，邱清泉自殺，杜聿明被俘，祇有李彌逃出戰場，淮海會至此結束。國軍六十萬大軍，不出三個月，全部瓦解。

一九四八年九月，國共內戰正熾，作者憂心，繪於廣州，此圖保留半個多世紀。

「煮豆燃萁
豆在斧中泣
本是同根生
相煎何太急」
——曹植——

三、東南戰場到西南戰場——共軍百萬下江南

共軍四個野戰軍，於淮海會戰勝利後，除第一野戰軍仍繼續經營西北戰場外，第二、三、四野戰軍，乘其戰勝餘威，均投入渡江追擊國軍任務，號稱：「百萬雄師下江南」。

當時國軍總兵力已發展到三百萬人，佈防在宜昌到上海長江南岸的約七十萬人，共軍總兵力也發展到三百萬人，用於渡江的約一百萬。一九四九年四月二日開始渡江，其佈署是以三野一部為東路，在江陰渡江，一部為中路，在安徽渡江，四野為西路，在湖北武穴渡江。因江陰要塞司令戴戎光叛變，東路共軍得以很快切斷京滬線，向東包圍上海，井分兵南下，五月四日佔領杭州，五月廿七日攻佔上海，湯恩佰部退守舟山群島，八月十六日福州撤守，李良榮廿二兵團退至廈門附近的金門島。

第四野戰軍林彪，於八月十六日佔領江西贛州，九月由嶺南入粵，守軍第四兵

團沈發藻不戰而退。蔣介石四月廿三日在廣州召開軍事會議，決定自海南島調回劉安祺的廿一兵團，在粵北從化，花縣一帶佈防，沈發藻兵團為左翼，胡璉兵團為右翼防衛廣州，待四野主力部隊到達花縣時，國軍不敵，沈發藻向廣西撤退，胡璉撤至金門防守，劉安祺則退回廣州後轉進海南島，撤退台灣。廣州於十月十四日陷共。

共軍四野另一支部隊，由粵漢鐵路直下湖南，華中剿總白崇禧退回廣西。湖南省主席陳明仁及長沙綏靖主任程潛，於八月十日在長沙宣佈投共，宋希濂兵團退守湘西。

西北戰場

共軍第一野戰軍向西北進攻，寧夏省主席馬鴻逵，甘肅省主席郭寄嶠，先後抵抗失敗，青海省主席馬步芳逃往台灣。共軍於一九四九年八月廿三日佔領西寧，廿四日佔領酒泉。新疆省主席鮑爾漢，警備司令陶峙岳於九月廿六日宣佈投降。

中共中央於一九四九年十月一日，在北平成立「中華人民共和國政府」，毛澤東為主席，周恩來為國務總理兼外交部長，改北平為北京，以五星旗為國旗，義勇軍進行曲為國歌。共軍十月十二日佔領哈密，十月二十日佔領迪化，西北戰場即告結束。

西南戰場

國軍主力在西南戰場，亦節節敗退，欲振乏力。廣西省主席黃紹竑於八月十三日投共，廣東省主席薛岳退駐海南島海口。十一月廿二日桂林失守，十二月四日南寧失守。廣西白崇禧的子弟兵，大部份潰散還鄉，部份到達龍州，於十二月十三日，由第一兵團司令黃杰率領所屬部二萬餘人撤往越南。

李宗仁在桂林失守前夕，於十一月二十日，自南寧飛香港，十二月五日，以就醫為由飛往美國。白崇禧、李品仙等於南寧失守前夕飛海口轉到台灣。廣西戰場結束。

川康方面：共軍四野於九月十九日，佔領湖南常德、沅陵，二十一日陷辰谿，十月三日陷芷江，向貴陽、雲南方向攻擊。三野共軍於十一月五日佔領貴州的銅仁，十一月十日佔遵義，十四日佔貴陽，省主席谷正倫飛台灣。廿七日佔四川綦江。國軍宋希濂部及羅文廣部在南川抵抗失敗，三十日重慶即告失守。共軍直指成都，胡宗南由綿陽率部南下，擔任成都防務。西進共軍，十二月五日佔內江，八日佔資陽。十二月十日雲南省主席盧漢及川軍將領鄧錫侯、劉文輝通電投共，賀國光接西康省主席。時共軍以南、北兩路進軍成都，北路共軍一野（彭德懷）於十二月十七日佔廣元，十八日佔劍閣，南路共軍二野（劉伯承）沿沱江西進，在娥媚與撤退中的宋希濂部遭遇，宋被俘，部隊潰散。第十五兵團羅文廣，十六兵團董宋珩在郫縣投共，稍後第七兵團裴昌會亦宣布投共，廿六日成都失守。

胡宗南率部撤退至西康省會西昌，僅餘萬人，這是國民政府在大陸最後一個據點，曾先後七次，由台北空運武器彈藥支援防務。無奈兵力薄弱，士氣不振，三月廿三日，共軍以優勢兵力猛攻西昌，情況危急，三月廿六日，台北派機將胡宗南、賀國光等接至台北，留置兵團司令胡長春防守西昌，至四月一日，彈盡力竭，突圍失敗，胡長青自戕殉國。

轉戰雲南的國軍第八軍李彌及廿六軍余程萬，曾於十二月十一日雲南省主席盧漢叛變時，攻打昆明，四野林彪共軍入滇，即南撤蒙自，部份官兵乘飛機來台，大部隨李彌退入緬甸。

再說華中長官公署白崇禧上將所率領的三十萬大軍，如何在廣西、廣東一帶，不經陣戰而自行瓦解的情形。一九四九年七月，華中部隊已撤至長沙，八月四日陳明仁、程潛投共，黃杰出任湖南省主席兼第一兵團司令，也無能為力，只有隨白崇禧所部退至衡陽，後轉進到廣西桂林。現將黃杰上將對此役的著述，摘錄一段節刊如下，則更為詳實：

「民國三十八（一九四九）年十一月五日，華中白長官在桂林官邸召開軍事會議，主要討論的問題，是軍事行動上兩個方案：

第一案是向南行動，至欽州轉運海南島。

第二案是向西行動，轉移至黔滇邊境，進入雲南。

參加會議的有長官公署副長官李品仙，夏威，參謀長徐祖貽，副參謀長賴光大，第三兵團司令張淦，第十兵團司令官徐啟明，第十一兵團司令官魯道源等。

我自轉進廣西境內之後，對當前的共軍態勢，曾不斷作過研判。此時，華中地區林劉兩部共有十九個軍，為數在五十五萬人以上，其主力將分由湘粵邊境進犯廣西，企圖吸引我軍主力在廣西戰場決戰。我華中戰列部隊的五個兵團，總計不過三十萬人，兵力戰力，都比共軍要差。在戰略態勢上，共軍是外線作戰，我軍則是內線作戰。

依照當時全般狀況判斷，與內線作戰的指導原則和要領：華中部隊在戰略上應避免決戰，向黔滇邊境逐次轉移，以百色昆明為大後方，準備持久作戰。在戰術上，應集中兵力，形成局部優勢，捕捉戰機，乘共軍分進之際，機動運用，將其各個擊破，使共軍合擊態勢的包圍，無法形成，以大吃小的慣技，無法施展。

同時，華中部隊進入黔滇，不但西南防衛力量增強，而且可以支援在川康的胡部，向雲南集結。我全部兵力，集中雲南，固守黔滇山岳地帶，有雄厚的兵力，憑藉西南天然的作戰地形，整個戰局，仍大有可為。如果華中部隊向南轉移，兵力分散，在行動中可被優勢共軍合擊包圍，或者各個擊破。即使我們的行動迅速，能在共軍未完成包圍之前到達欽州，而本身運輸工具又供應得來，可以轉到海南島，然而大軍侷促在一個海島上，瓊島海峽既不能形成天然障礙，自然更不易發揮防衛固守的力量。兩相權衡，向西行動，比向南行動，對我們任何一方都要有利。

根據上述理由，我在會議中具申意見，力主向西行動，進入雲南。和我持同一見解的只有李仙品中將，其餘在座的將領如夏威、張淦、徐啟明、賴光大諸人，都持相反的意見，力主向南行動，轉運海南島。最後，白長官裁判，採用了第一案——向南行動。此一行動的結果，幻滅了我們固守西南基地待機反攻的遠景，也損失了幾十萬能征慣戰的精銳部隊。

在向南轉進的行動中，第三兵團，第十兵團，第十一兵團，這三個屬於華中序列的戰鬥兵團，不但轉運海南島未成，而且大部份尚未到達欽州，即被共軍合擊包圍，各個擊破，以致全軍覆沒。只有我統率的第一兵團在東南北三面臨敵，在前後左右無掩護無支援的狀況下，孤軍西進，最後因雲南盧漢叛變，被迫進入越南。這一場失敗的戰爭，留給我們一個沉痛的教訓。這沉痛的教訓，使我益加體驗到大將用兵，差以毫釐，即失之千里。一著之差，關係著幾十萬將士的生死與全般戰局的成敗，我們必須永遠記取這個教訓。

當時無可奈何踏入中越的國境線。我的心中，不單是充滿著去國懷鄉的淒苦情緒，同時也泛起了憂讒憂譏的慚愧感覺。我帶著痛苦與依戀，揩拭著滴下來的眼淚，一步步向峙馬屯的關卡走去，在迷惘與空虛中，離開了可愛的祖國。」

這是黃杰上將的一段回憶。他是位儒將，算講了真話。其他如手握數十萬大軍的劉峙、胡宗南之流，一生享盡榮華富貴，作威作福，貪生怕死，屍位素餐，真是無恥之尤。次如華中長官公署白崇禧上將，在一九四九年四月共軍未渡江前，尚擁有半個中國土地，白氏尚掌握主力部隊三十萬人，共軍渡江，白氏以武漢突出，第一步撤到長沙，不久退到衡陽，三度退到桂林，四度退到南寧，最後作撤退海南島的決定，難道在半年中，從武漢到欽州，竟無一可戰之地，無一可戰之機嗎？最後粵、桂全境盡失，華中主力張淦第十二兵團，於十二月三日在博白，未經戰鬥，竟一夜之間被俘。魯道源第十一兵團，更在早一、兩天前被共軍擊潰，不知下落。徐啟明第十兵團，於十二月五日後，在十萬大山中潰不成軍，四處潛匿。祇有黃杰一兵團殘部十二月十三日退往越南。白崇禧苦心經營的桂系主力三十萬大軍，不經戰陣，從此煙消雲散。如此喪師亡國，究竟應由誰來負責。祇有待歷史來評斷。

四、白髮話天寶，時代大悲劇

一九四九年一月，淮海會戰（徐蚌會戰）失敗，四月共軍百萬部隊渡江，五月上海、杭州先後棄守，八月攻佔福州，十月廣州淪陷，不到半年，共軍蓆捲整個大陸。國軍將領們見大勢已去，士氣鬥志，整軍整師的向南轉進，跑的比追的還快，有個笑話，說解放軍邊追邊喊：「老鄉，跑慢點好嗎？我們追不上啊？」真所謂兵敗如山倒。

向南撤退有兩個目標，一是台灣，一是海南島，大撤退行列中，除了軍隊，還有公教人員和政府官員，逃難民眾，成千上萬的擁上火車。據當時華中長官公署一位向誠秘書回憶錄的記載，可知梗概。他說自從衡陽棄守，長官公署及湘桂兩省府軍政人員，大批擁向桂林，共軍進入桂境，又從桂林搭火車向南逃亡，從桂林到柳州，本可朝發夕至，可是在超載的列車上，人上堆人，車廂內一層一層堆了四層，最危險的車廂頂上還堆了兩層，擠得簡直無法插足，動彈不得，屎尿自便，其苦自不待言。列車忽行忽止，整整走了七天才到柳州，原因是政府發下的「銀元券」貶值，幾成廢紙，上午可吃一碗牛肉麵，下午祇能吃陽春麵，鐵路局領了這些廢紙，買不到所需燃料，火車頭不能升火發動，「有氣無力」，寸步難行，祇有就地取「柴」，代替燃料，勉強開動，爬行不到三、四十里，又復停下，照樣上山砍柴燃燒，就這樣行行復行行，七天後到了柳州，才完成一小段的「大撤退」，兵荒馬亂，人心惶惶無主，祇有走一步算一步了。

在西南空中撤退，有三個機場，成都新津機場、雲南蒙自機場和西昌機場，許多大官首要，機位自有安排，然而隨員眷屬，政府官員，大批在機場等候飛機逃命，不惜爭先恐後搶上飛機，被機上警衛人員強拉下來，有的剛上扶梯，便被踢了下來。有丈夫上了飛機，而妻兒在下面呼天搶地，也有父母上了飛機，兒女在下哀號痛哭的，生離死別，淒嚎之聲，慘不忍聞。

由海上撤退到台灣的，由兩個港口上船，一是上海，一是海南島的榆林港，軍隊多由此港撤退來台。

這一年國軍節節敗退，各省各地也展開大逃亡，紛紛組成逃亡團來到上海，看局勢隨時可以登輪到台灣避難。就在此時發生一件大船難，震驚中外，被稱為中國的「鐵達尼」，是一艘客貨輪「太平輪」，在來台途中相撞沉沒。「太平輪」是中聯輪船公司擁有的渡台定期班輪，每週航行兩次。當年元月廿八日凌晨三時許，該輪載了近一千名逃難者，從上海航向台灣基隆，因夜間航行沒有開燈，船離上海駛向舟山群島附近海域時，跟另一艘載著兩千噸煤礦及木材由台灣駛往上海的「建元貨輪」相撞，兩輪先後沉沒，太平輪上的乘客和船員九百廿三人，全部罹難，逃難者多是攜帶金銀來台的官商，想與在台親人好好在春節團聚，未料卻沉冤黑水溝海底，得不到任何賠償，含冤莫白。戰亂年代，人命渺小而微弱，根本不受重視。

直到今天，這場官司打了五十多年，中聯輪船公司也答應賠償，而該公司所有輪船和財產，分別在大陸和台灣被沒收，而賠償的金錢，又是個「天文數字」，所謂賠償，祇是一句白話，不了了之，而死難的人「活該倒霉」，真是時代大悲劇。

五、最後撤出大陸的一位將軍和一支部隊

一九四九年十二月八日，國民政府（行政院長閻錫山）遷台，十月蔣介石由成都飛台灣，一九五〇年四月一日大陸最後據點西昌失陷，兵團司令胡長青殉國。中國大陸有組織的有生戰力，或投降，或潰散，或被殲滅，至此堂堂三百萬大軍，不出半年全部土崩瓦解，真不可思議。

惟中國東南沿海，國軍尚佔有舟山群島、大陳島、馬祖列島、平潭島、金門列島及海南島，因兵力分佈太廣，最後決定只保留金門與馬祖兩個列島，其餘島嶼，均於一九五〇至一九五五年間，先後陸續撤退，中華民國的統治疆域，只剩下台、澎、金、馬。迄今（二〇〇五年）國共雙方已經隔海對峙了五十六個年頭，仍在持續中。這是中國五千年歷史上沒有的空前局面。

大陸撤退來台最後一架飛機，搭乘的是由西昌起飛的賀國光上將（他由憲兵司令調西康省主席，不久西昌即淪陷）。最後一支部隊，是國軍二十六軍三六八師

一一〇二團。由雲南蒙自乘飛機直飛海南島榆林港，再乘輪船來台，到達高雄。國防部即派員至碼頭點名，發現官兵服裝整齊，士氣高昂，奇怪的是沒有一個缺員。查詢之下，才知道是憲兵第十八團。原來該團在昆明奉命改編為野戰部隊一一〇二團，隸屬二十六軍。當時在昆明共有憲兵五、十六、十三、十八、十二、十等六個團，國軍圍攻昆明，編入總預備隊戰鬥序列，由憲兵副司令吳天鶴指揮。共軍四野入滇，第八軍西撤入緬，二十六軍南撤入越。

當時中央、中國兩航空公司，均集體投向中共，國軍空中撤退，全靠陳納德民航機C.A.T三十六架（尚未成立公司）運輸。一一〇二團奉命擔任蒙自城防及機場管制，掩護國軍撤退，直到共軍包圍機場，軍車已衝進跑道，該團最後一批官兵，始由憲兵中尉排長趙震亞（河南武陟人）指揮，於一九五〇年（民國三十九年）一月十五日下午三時，分乘兩架飛機，迅速起飛離開機場，最後一架飛機，還與共軍車輛相擦而過，慢三秒鐘，即被擋下可能翻覆，驚險萬分，這架飛機因腳架擦損，迫降於海口，這是國軍最後撤離大陸的一段真實情景。

發表索引

篇名	發表時間	發表刊物
大陸話鄉人物風貌	一九九〇年九月至一九九四年三月	「華夏之光」雜誌（月刊）連載
鄭國鴻血戰定海	一九九一年六月三日	中央日報「長河版」
湖南神童熊希齡	一九九〇年八月六日	中央日報「長河版」
戊戌政變的漏網之魚——熊希齡	一九九三年七月十六日	中央日報「長河版」
熊希齡歸葬香山始末	一九九二年七月	「湖南文獻」季刊總號第十九期
沈從文與文昌閣小學	一九八八年	中央日報「長河版」
沈從文故居	一九九〇年五月十日	中央日報「長河版」
沈從文先生落葉歸根記	一九九二年八月七日	中央日報「副刊」
湘西趕屍側記	二〇〇二年一月二十七日	美國紐約世界日報副刊

國家圖書館出版品預行編目

一灣淺淺的海峽 / 滕興傑著. -- 一版
臺北市 : 秀威資訊科技, 2005[民 94]
面 ; 公分. -- (史地傳記類 ; PC0023)
參考書目 : 面
ISBN 978-986-7263-29-2(平裝)

1. 滕興傑 - 傳記

782.886 94007627

史地傳記類 PC0023

一灣淺淺的海峽

作　　者 / 滕興傑
發 行 人 / 宋政坤
執行編輯 / 詹靚秋
圖文排版 / 劉逸倩
封面設計 / 莊芯媚
數位轉譯 / 徐真玉　沈裕閔
圖書銷售 / 林怡君
網路服務 / 徐國晉
法律顧問 / 毛國樑律師
出版印製 / 秀威資訊科技股份有限公司
台北市內湖區瑞光路 583 巷 25 號 1 樓
電話：02-2657-9211　傳真：02-2657-9106
E-mail：service@showwe.com.tw
經 銷 商 / 紅螞蟻圖書有限公司
台北市內湖區舊宗路二段 121 巷 28、32 號 4 樓
電話：02-2795-3656　傳真：02-2795-4100
http://www.e-redant.com

2005 年 4 月 BOD 一版
定價：320 元

讀　者　回　函　卡

感謝您購買本書，為提升服務品質，煩請填寫以下問卷，收到您的寶貴意見後，我們會仔細收藏記錄並回贈紀念品，謝謝！

1.您購買的書名：______________________________

2.您從何得知本書的消息？

☐網路書店　☐部落格　☐資料庫搜尋　☐書訊　☐電子報　☐書店

☐平面媒體　☐朋友推薦　☐網站推薦　☐其他__________

3.您對本書的評價：(請填代號　1.非常滿意 2.滿意 3.尚可 4.再改進)

封面設計____　版面編排____　內容____　文/譯筆____　價格____

4.讀完書後您覺得：

☐很有收獲　☐有收獲　☐收獲不多　☐沒收獲

5.您會推薦本書給朋友嗎？

☐會　☐不會，為什麼？______________________________________

6.其他寶貴的意見：______________________________________

____

____

____

讀者基本資料

姓名：____________________　年齡：______　性別：☐女　☐男

聯絡電話：________________　E-mail：____________________

地址：____

學歷：☐高中(含)以下　☐高中　☐專科學校　☐大學

☐研究所(含)以上　☐其他______________

職業：☐製造業　☐金融業　☐資訊業　☐軍警　☐傳播業　☐自由業

☐服務業　☐公務員　☐教職　☐學生　☐其他__________

請貼
郵票

To：114

台北市內湖區瑞光路 583 巷 25 號 1 樓

秀威資訊科技股份有限公司 收

寄件人姓名：

寄件人地址：□□□

(請沿線對摺寄回,謝謝!)

秀威與 BOD

BOD（Books On Demand）是數位出版的大趨勢，秀威資訊率先運用 POD 數位印刷設備來生產書籍，並提供作者全程數位出版服務，致使書籍產銷零庫存，知識傳承不絕版，目前已開闢以下書系：

一、BOD 學術著作—專業論述的閱讀延伸
二、BOD 個人著作—分享生命的心路歷程
三、BOD 旅遊著作—個人深度旅遊文學創作
四、BOD 大陸學者—大陸專業學者學術出版
五、POD 獨家經銷—數位產製的代發行書籍

BOD 秀威網路書店：www.showwe.com.tw
政府出版品網路書店：www.govbooks.com.tw

永不絕版的故事・自己寫・永不休止的音符・自己唱